Tilbe
Gjennom Ånden og
Sannheten
Åndelig Tilbedelse

Dr. Jaerock Lee

*"Men den time kommer, ja, den er nå,
da de sanne tilbedere skal tilbe
Far gjennom ånden og sannhet.

For slike tilbedere vil Far ha.
Gud er ånd, og den som tilber Ham,
må tilbe i ånd og sannhet."
(Johannes 4:23-24)*

Tilbe gjennom Ånden og Sannheten av Dr. Jaerock Lee
Utgitt av Urim Bøkene (Representant: Johnny. H. Kim)
235-3, Guro-dong 3, Guro-gu, Seoul, Korea
www.urimbooks.com

Alle rettigheter har blitt forbeholdt. Denne boken eller deler av den kan ikke bli kopiert i noen som helst form, oppbevart i et oppbevaringssystem, eller overført på noen som helst måte, elektronisk, automatisk, kopiert eller på noen som helst annen måte, uten skriftlig samtykke ifra utgiveren.

Hvis noe annet ikke har blitt notert, har alle sitatene om de Bibelske Skriftene blitt hentet ifra den Hellige Bibelen, NEW AMERICAN STANDARD BIBLE, ®, Opphavsrett © 1960, 1962, 1963, 1968, 1971, 1972, 1973, 1975, 1977, 1995 av The Lockman Foundation. Brukt ved tillatelse.

Opphavsrett © 2012 av Dr. Jaerock Lee
ISBN: 979-11-263-1263-4 03230
Opphavsrett av Oversettelsen © 2012 av Dr. Esther K. Chung. Brukt ved tillatelse.

Første Utgave November 2012

Tidligere utgitt på koreansk i 1992 av Urim Bøkene i Seoul, Korea

Redigert av Dr. Geumsun Vin
Utført av Urim Bøkenes Redigeringsbyrå
For mer informasjon vennligst ta kontakt med: urimbook@hotmail.com

Forord

Akasie trærne er et vanlig syn i villmarken i Israel. Disse trærne slår røtter hundrevis av fot under jordflaten og leter etter undergrunnsvannet for å kunne leve. ved første øyekast kan akasie trærne bare bli brukt som ved, men deres lignum er mye mer solid og har en sterkere utholdenhet enn andre trær.

Gud befalte om at Noas Ark skulle bli bygget av akasie trær, dekket med gull, og plassert på det helligste av de Hellige stedene. Det Helligste av de Hellige stedene er et religiøst sted hvor Gud oppholder seg, og hvor bare den høyeste presten kan komme inn til. Det er på samme måte for et individ som har satt seg fast ved Guds ord som er selve livet, og som ikke bare vil bruke det som et verdifullt instrument overfor Gud, men som også vil nyte massevis av velsignelser i sitt liv.

Dette er akkurat som Jeremias forteller oss i 17:8, "Han er lik et tre som er plantet ved vann og strekker røttene mot bekken. Det frykter ikke når heten kommer, men står der med løvet grønt. Det sturer ikke i tørketider og holder ikke opp med å bære frukt." Her refererer "vannet" til Guds Ord, og en person som har mottatt slike velsignelser vil holde godt på gudstjenestene som Guds Ord forkynner om. Gudstjeneste er en høytidelighet hvor en viser respekt og forgudelse til guddommeligheten. Alt i alt er det når de kristne tilber i en høytidelighet hvor vi takker og opphøyer Gud gjennom vår respekt, lovprisning, og ære. I både det Gamle Testamentets tider og i dag, søker Gud etter og fortsetter å søke etter de som tilber Ham gjennom ånden og sannheten.

Helt nøyaktige detaljer angående gudstjenesten har blitt skrevet ned i Tredje Mosebok i det Gamle Testamentet. Noen mennesker påstår at siden den Tredje Mosebok gjelder lovene angående offringene til Gud på det Gamle Testamentets måte, er Boken ikke gyldig for oss her i dag. Dette er ikke riktig på grunn av hvilken betydning de Gamle Testamentets lovers tilbedelse har på dagens gudstjenester. Det samme var tilfelle under de Gamle Testamentets tider hvor tilbedelse i det Nye Testamentets tider er veien til Gud. Det er bare når vi følger den åndelige betydningen av det Gamle Testamentets lover angående ofring, som var uklanderlig, kan vi også samtidig tilbe Gud i det Nye Testamentets tider gjennom ånden og sannheten.

Dette arbeidet forsker inn i leksjonene og betydningen av de forskjellige ofringene fra de forskjellige individer som brente ofringer, havre ofringer, freds ofringer, synde ofringer, og skyldighets ofringer som vi bruker vi som lever på det Nye Testamentets tider. Dette vil hjelpe oss med å detaljert forklare hvordan vi kan tjene Gud. For å kunne gjøre det lettere for leserne å forstå lovene angående ofringer, vil dette arbeide vise fargebilder av panorama utsikten av tabernakel, inne i det hellige rommet og i det Helligste av de Hellige og av de forskjellige redskapene som er forbundet med gudstjeneste.

Gud forteller oss, "Dere skal være hellige, for Jeg er hellig" (Tredje Mosebok 11:45; Peters 1. brev 1:16), og anmoder oss til å fullstendig forstå loven angående ofringene som ble skrevet ned i 3. Mosebok og leve et hellig liv. Jeg håper at du vil begynne å forstå hver eneste side av ofring fra det Gamle Testamentets tider og tilbedelsen i det Nye Testamentets tider. Jeg håper også at du vil tenke på hvordan du ber, og begynne å tilbe Gud på en måte som tilfredstiller Ham.

Jeg ber i vår Herre Jesus Kristus navn at akkurat som Solomon tilfredstilte Gud med tusenvis av ofringer, håper jeg at alle de som leser dette kan bruke det som et dyrebart redskap overfor Gud, og akkurat som et tre som hadde blitt plantet ved vannet, vil du nyte en overflod av velsignelser ved å gi Gud massevis av kjærlighet og takknemlighet ved å tilbe Ham gjennom ånden og sannheten!

Februar 2010
Dr. Jaerock Lee

Innhold

Tilbe gjennom Ånden og Sannheten

Forord

1. Kapittel
Åndelig Tilbedelse Som er Tilfredsstillende til Gud   1

2. Kapittel
Gamle Testamentets Ofringer som har blitt Skrevet ned i 3. Mosebok   17

3. Kapittel
Brente Ofringer   43

4. Kapittel
Ofringen av Havre   67

5. Kapittel
Fredsoffer   83

6. Kapittel
Syndeofring   95

7. Kapittel
Ofring på grunn av Skyldfølelse   111

8. Kapittel
Gi Din Kropp som et Levende og Hellig Offer   123

1. Kapittel

Åndelig Tilbedelse Som Gud Aksepterer

"Gud er ånden, og de som tilber Ham må tilbe gjennom ånden og sannheten."

Johannes 4:24

1. Ofringene i det Gamle Testamentets Tider og Tilbedelsen i de Nye Testamentets Tider

Opprinnelig var Adam, det første menneske som ble skapt, et menneske som kunne ha direkte og fortrolig forhold til Gud. Etter at han ble fristet av Satan og syndet, ble Adams forhold til Gud brutt. Gud hadde forberedt en vei med tilgivelse og frelse for Adams etterkommere, og åpnet veien slik at de kunne gjenopprette kommunikasjonen med Gud. Denne veien kan bli funnet i ofringsmetodene fra det Gamle Testaments tider, som Gud elskverdig ga dem.

Ofringene i det Gamle Testamentets Tider var ikke planlagt av menneskene. De ble veiledet og avslørt av selve Gud. Vi kjenner til dette fra Tredje Mosebok 1:1, "Da tilkalte Herren Moses og pratet med ham ifra møte teltet, og sa..." Vi kan også finne ut av dette fra de ofringene som Abel og Kain, Adams sønner, ga til Gud (første Mosebok 4:2-4).

Disse ofringene, ifølge deres betydning, følger spesielle regler. De blir klassifisert gjennom brennende ofringer, freds ofringer, synde ofringer, og ofringer fra skyldfølelse, og avhengig av hvor syndig og omtendighetene omkring menneskene som gir ofringene, kan også okser, lam, geiter, duer, og mel bli brukt som offer. Prester som forretter over ofringene måtte anvende selvbeherskelse i livet, være forstandige i deres opptreden, ha på seg efod som var annerledes, og gi ofringer som de laget omhyggelig i stand ifølge de opprettede reglene. Slike ofringer var utvendige formaliteter som var kompliserte og strenge.

Etter en person hadde syndet under de Gamle Testamentets tider, kunne han bare bli reddet ved å gi et synde ofring ved å drepe et dyr, og gjennom dens blod ble synden sonet. Men det samme blodet fra dyrene som ble ofret hvert år kunne ikke fullstendig frikjenne menneskene fra deres synder; disse synde ofringene var bare en midlertidig løsning og var derfor ikke perfekt. Dette er fordi en fullstendig menneskelig forsoning fra syndene bare er mulig gjennom selve livet av en person.

1. Korinterne 15:21 forteller oss, "For siden døden kom fra mennesket, kommer også oppstandelsen fra de døde." På grunn av dette kom Guds Sønn Jesus kjødelig inn til denne verden, og mistet alt Hans blod på korset hvor Han døde selv om Han ikke selv var syndig. Siden Jesus så ble et offer denne ene gangen (Hebreerne 9:28), er det derfor ikke lenger nødvendig med blod ofringer gjennom vanskelige og strenge regler.

Som det står i Hebreerne 9:11-12, "Men Kristus er kommet som øversteprest for alt det gode vi nå har. Han har gått gjennom det teltet som er større og mer fullkomment, og som ikke er laget av menneskebånd, det vil si: som ikke tilhører denne skapte verden. Ikke med blod fra bukker og kalver, men med sitt eget blod gikk Han inn i helligdommen en gang for alle og kjøpte oss fri for evig," fullførte Jesus den evige frelse.

På grunn av Jesus Kristus behøver vi ikke lenger å ofre Gud vårt blod, men vi kan nå gå frem til Ham og ofre et levende og hellig offer. Dette er tilbedelsen i de Nye Testamentets tider.

Siden Jesus ofret seg for alle syndene ved å bli spikret opp på korset og mistet dermed alt Hans blod (Hebreerne 10:11-12), da kan vi motta tilgivelse for alle våre synder når vi har troen i vårt hjerte om at vi har blitt frelst fra synden og at vi har akseptert Jesus Kristus. Dette er ikke en høytidelighet som legger trykk på gjerningen, men en demonstrasjon av troen som kommer ifra vårt hjerte. Dette er et levende og hellig offer og en åndelig tilbedelse (Romerne 12:1).

Dette betyr ikke at ofringene fra det Gamle Testamentets tider har blitt nedlagt. Hvis det Gamle Testamentet er en skygge, da er det Nye Testamentet selve formen. Akkurat som Loven, har lovene vedrørende ofringer i det Gamle Testamentet blitt forbedret i det Nye Testamentet av Jesus. I det Nye Testamentets tider er det rett og slett bare formaliteten med tilbedelse som har blitt endret. Akkurat som Gud hadde anseelse for uklanderlighet og rene ofringer i det Gamle Testamentets tider, vil Han være tilfreds med vår tilbedelse som vi ofrer gjennom ånden og sannheten fra det Nye Testamentets tider. De strenge formalitetene og prosedyrene la ikke bare vekt på de utvendige høytidelighetene, men brakte også en grundig åndelig betydelighet. De gir en indikasjon på hvordan vi kan studere vår egen holdning overfor en total tilbedelse.

Etter at vi først har godtgjort eller tatt ansvar for våre feil gjennom gjerninger overfor naboer, brødre, eller Gud (skyldighets ofringer), må en troende se tilbake på hans liv sist uke, tilstå alle hans synder, og spørre om tilgivelse (synde ofring), og så tilbe med et rent hjerte og med all oppriktighet (brennende offring). Når vi tilfredsstiller Gud gjennom ofringer som har blitt forberedt med den største omsorgen gjennom Hans nådes takknemlighet som beskyttet oss forrige uke (havre ofringer) og ved å fortelle Ham hvilke ønsker våre hjerter har (freds ofring), vil Han utfylle vårt hjertes ønsker og gi oss styrken og makten til å overvinne verden. Og akkurat som dette er det inkludert mange av lovenes betydninger vedrørende det Gamle

Testamentets ofringer i gudstjenestene. Lovene vedrørende ofringene fra det Gamle Testamentets tider vil bli undersøkt i større grad fra og med 3. kapittel.

2. Tilbedelse gjennom Ånden og Sannheten

I Johannes evangeliet 4:23-24 forteller Jesus oss at, "Men den time kommer, ja, den er nå, da de sanne tilbedere skal tilbe Far i ånd og sannhet, for slike tilbedere vil Far ha. Gud er ånden, og de som tilber Ham må tilbe gjennom ånden og sannheten." Dette er en del av hva Jesus fortalte kvinnen som Han hadde møtt ved en brønn i Samarian byen i Sychar. Kvinnen spurte Jesus, som hadde begynt å prate med henne ved å be om vann, om bedestedet som var et tema som lenge hadde vært gjenstand for nysgjerrighet (Johannes evangeliet 4:19-20).

Mens jødene ga ofringer i Jerusalem hvor Tempelet lå, ga Samaritanene ofringer på fjellet Gerizim. Dette er fordi når Israel ble skilt i to under keiserdømme til Rehoboam, sønnen til Solomon, laget Israel på nordsiden et høyt sted for å kunne blokkere mennesker slik at de ikke kunne komme seg til Tempelet i Jerusalem. Siden kvinnen var klar over dette, ville hun gjerne vite hvor hun kunne holde hennes tilbedelse.

For israelittene, har bedestedet en spesiell mening. Siden Gud var til stede i Tempelet, så de på dette stedet som veldig spesielt og de så også på det som universets hovedpunkt. Men fordi det hjerte en tilber Gud med er mer viktig enn stedet eller tilbedelsesplassen, avslørte Jesus at Han var selve Messias og lot dem også forstå at deres tilbedelse måtte bli fornyet.

Hva det betyr og "tilbe gjennom ånden og sannheten"? "Tilbedelse gjennom ånden" er å lage brød av Guds Ord i de 66 bøkene i Bibelen gjennom inspirasjonen og fullheten fra den Hellige Ånd, og tilbe dypt ifra vårt hjerte sammen med den Hellige Ånd som oppholder seg i oss. "Tilbedelse i sannheten" er, sammen med den riktige forståelsen på Gud, å tilbe Ham med hele vår kropp, hjerte, vilje, og alvorlighet ved å gi Ham glede, takknemlighet, bønner, lovprisning, og ofringer. Om Gud aksepterer vår tilbedelse vil ikke være avhengig av vårt utvendige utseende eller hvor store våre ofringer er, men hvor mye vi legger vekt på det som vi gir til Ham i hvert enkelt tilfelle. Gud vil med glede akseptere og svare på de ønskene som kommer dypt ifra hjertene til de som tilber Ham og som frivillig gir Ham gaver. Men Han aksepterer ikke tilbedelse fra frekke mennesker som har tankeløse hjerter og som bare er opptatte av hva andre tenker om dem.

3. Og Ofre Tilbedelser som Gud Aksepterer

De av oss som lever i de Nye Testamentets tider når hele Loven har blitt fullført av Jesus Kristus, må tilbe Gud på en mer perfekt måte. Dette er fordi kjærligheten er det største budskapet som Jesus Kristus ga oss, Han som fullførte Loven gjennom kjærligheten. Tilbedelse er derfor et uttrykk av den kjærligheten som vi har for Gud. Noen mennesker erkjenner deres kjærlighet overfor Gud muntlig, men ifølge den måten de tilber Ham, virker det litt tvilsomt til tider om deres kjærlighet for Gud virkelig kommer fra deres hjerte.

Hvis vi møter noen som er eldre eller har en høyere stilling enn oss, da ville vi ordne på klærne våres, vår holdning, og vårt hjerte. Hvis vi skulle gi Ham en gave, da ville vi gjennom all forsiktighet lage i stand en plettfri presang. Gud er nå Skaperen av alt i universet og er derfor verdig til å bli lovpriset og æret fra Hans skapelse. Hvis vi skal tilbe Gud gjennom ånden og sannheten, da kan vi aldri være uforskammete overfor Ham. Vi må kikke tilbake på oss selv for å undersøke om vi har vært uforskammet og være sikker på at vi deltar i gudstjenester med hele vår kropp, hjerte, vilje og omsorg.

1) Vi kan ikke komme for sent til gudstjenester.

Siden gudstjeneste er en høytidelighet hvor vi erkjenner den åndelige myndigheten til den usynlige Gud, vil vi ha anerkjent Ham fra vårt hjerte bare etter at vi har sluttet oss til reglene og forskriftene som Han har etablert. Det er derfor uforskammet å komme for sent til gudstjenester samme hva grunnen er.

Siden gudstjeneste er en tid som vi har lovet å gi til Gud, må vi ankomme før den begynner, ofre oss til bønner, og forberede oss til gudstjenesten gjennom våre hjerter. Hvis vi møter en konge, en president, eller en statsminister, ville vi uten tvil ankomme tidlig og vente med et forberedt hjerte. Hvordan kan vi så komme for sent eller i all hast når vi møter Gud, som er uten sammenlignelse mye større og mer majestetisk?

2) Vi må gi en full og hel oppmerksomhet til budskapet.

En fører (en prest) er en tjener som har blitt utpekt av Gud; han er på like fot med en prest fra det Gamle Testamentets tider.

En fører som har blitt ansatt for å forkynne Ordet ifra det hellige alteret er en fører som leder flokkene med sauer til Himmelen. Gud ser derfor på uforskammethet eller ulydighet imot hyrder som uforskammethet og ulydighet imot selve Gud.

I 2. Mosebok 16:8 kan vi se at når menneskene i Israel klaget på og satte seg opp imot Moses, hadde de på en måte satt seg opp imot selve Gud. I 1. Samuel 8:4-9, når menneskene var ulydige imot profeten Samuel, så Gud på det som en ulydighet imot Ham selv. Så hvis du prater med en person som sitter rett ved siden av deg eller ditt sinn blir fylt med meningsløse tanker når en hyrde gir et budskap på Gud vegne, da er du uforskammet overfor Gud.

Døse av eller sove under gudstjenestene er også en uforskammet gjerning. Kan du forestille deg hvor uforskammet det ville være for en sekretær eller en statsrådsmann og sovne under et møte som ble holdt av presidenten_ På samme måte er det uforskammet overfor Gud, hyrden, og de troende brødre og søstre å døse av eller sove i det hellige rommet som er selve huset til Vår Herre.

Det er også uakseptabelt å be med en knust ånd. Gud vil ikke akseptere tilbedelse som blir ofret til Ham uten takknemlighet og glede, men omgitt av sorg. Vi må derfor delta på gudstjenester med en forventning av budskapet som kommer ifra håpet omkring Himmelen, og med et hjerte som er takknemlig for kjærlighetens nåde og frelse. Det er uforskammet å prate til eller dulte til en person som ber til Gud. På samme måte som du ikke må bryte av en samtale mellom dine medmennesker og dine eldre, er det også uforskammet å avbryte en persons samtale med Gud.

3) Alkohol og tobakk burde ikke bli brukt før en går til gudstjeneste.

Gud vil ikke se på en ny troendes manglende evne til å slutte med å røyke og drikke fra en svak tro som en synd. Men hvis en person som har blitt døpt og som har en stilling i kirken fortsetter med å drikke og røyke, vil dette være en uforskammet het overfor Gud.

Selv de ikke troende syntes at det ikke er riktig å gå til kirken full eller rett etter at en har røykt. Når en person ser hvor mange problemer og synder som kommer ifra drikking og røyking, vil han kunne innse sannheten og hvordan han burde oppføre seg som Guds barn.

Røyking forårsaker forskjellig slags kreft og er derfor skadelig for kroppen, mens drikking, som kan føre til beruselse, kan også føre til udannet oppførsel og tale. Hvordan kan en troende som drikker eller røyker være et eksempel på Guds barn, og som har oppførsel som til og med kan vanære Ham? Så hvis du derfor har en sann tro, da må du hurtig kaste bort slike tidligere ting. Selv om du er en nybegynner i troen, er det respektabelt overfor Gud å gjøre alt for å kunne kaste bort ditt tidlige liv.

4) Vi må ikke vende oss bort fra eller skade atmosfæren av gudstjenesten.

Et sanktuarium er et hellig sted som har blitt laget for tilbedelse, beding, og lovprisning av Gud. Hvis foreldre tillot deres barn å gråte, bråke, eller spring vilt rundt omkring, da ville barnet ha forhindret andre medlemmer i kirken med å be helt fra hjerte. Dette er derfor uforskammet overfor Gud.

Det er også urespektabelt å bli oppstilt eller sint eller prate om ens handel eller annen ubetydelig underholdning i det hellige rommet. Å tygge tyggegummi, prate høylydt med menneskene ved siden av deg, eller reise deg opp og gå ut av det hellige rommet midt i gudstjenesten viser også liten respekt. Å ha på seg hatter, T-skjorter, strand sandaler eller tøfler til en gudstjeneste er å gå vekk ifra riktige manerer. Utvendig utseende er ikke viktig, men en persons indre holdning og deres hjerte blir ofte reflektert i ens utvendige utseende. Ens omhyggelighet omkring hvordan en forbereder seg selv for gudstjenesten blir vist gjennom ens klesplagg og ens utvendig utseende.

Å ha en god forståelse på Gud og Hans ønsker tillater oss å ofre Ham en åndelig tilbedelse som Gud vil akseptere. Når vi tilber Gud på en måte som er tilfredsstillende til Ham - når vi tilber Ham gjennom troen og sannheten – da vil Han gi oss makten til å forstå slik at dette kan bli prentet dypt inne i vårt hjerte, få mye utbytte av det, og nyte vidunderlige lovprisninger og velsignelser som Han ville kaste over oss.

4. Et Liv Merket med Tilbedelse gjennom Ånden og Sannheten

Når vi tilber Gud gjennom ånden og sannheten, da blir våre liv fornyet. Gud vil gjerne at hele livet til hver eneste person skal bli merket av tilbedelse gjennom ånden og sannheten. Hvordan burde vi oppføre oss for å kunne gi Gud en åndelig gudstjeneste som Han glad vil akseptere?

1) Vi må alltid juble.

En sann lykke kommer ikke bare fra en grunn til å være lykkelig, men kommer selv fra tider hvor vi møter smerte og vanskelige situasjoner. Jesus Kristus, som vi har akseptert som vår Frelser, er selv en grunn til å alltid juble for Han har tatt til seg alle forbannelsene.

Når vi gikk imot ødeleggelse, reddet Han oss fra synden ved å miste Hans blod. Han tok vår fattighet og sykdommer til seg selv, og Han løsnet på det onde båndet med tårer, smerte, sorg, og døden. Han har også ødelagt dødens myndighet og stått opp fra de døde, og dermed gitt oss håp om oppstandelse og tillatt oss å ha et sant liv og en vakker Himmel.

Hvis vi har tatt imot Jesus Kristus gjennom troen som vår kilde av lykke, da er det ikke noe annet for oss å gjøre enn juble. Siden vi har det deilige håpet om livet etter døden og vil få en evig lykke, selv om vi ikke har noen mat og bare har familie problemer, og selv om vi er omringet av lidelser og forfølgelser, har virkeligheten ingen betydning for oss. Så lenge vårt hjerte er fylt med kjærlighet overfor Gud og det ikke svikter og vårt håp om Himmelen ikke blir forsvinner, da vil vår lykke aldri slukne.

Så når vårt hjerte har blitt fylt med Guds nåde og håp om Himmelen, da vil lykken flomme opp når som helst, og vanskelighetene vil hurtig bli omgjort til velsignelser.

2) Vi må be uavbrutt.

Det finnes tre meninger med å "be uavbrutt." Først må en be regelmessig. Selv Jesus, gjennom Hans prestetjeneste, lette etter stille plasser hvor Han kunne be ifølge "Hans praksis." Daniel ba regelmessig tre ganger og dagen og Peter og de andre disiplene satte også tilside tid for bønner. Vi må også be regelmessig for å fullføre alle bønnene og for å være sikre på at oljen til den Hellige Ånd aldri tar slutt. Bare da kan vi forstå Guds Ord under gudstjenestene og motta styrken til å leve etter Ordet.

"Å be ustanselig" er å be til tider som ikke har blitt satt i et program eller av vane. Det finnes tider når den Hellige Ånd tvinger oss til å be selv utenom tidene når vi vanligvis ber. Vi hører ofte vitnemål ifra mennesker som ungikk vanskeligheter eller som hadde blitt beskyttet mot eller vernet mot ulykker når de adlød på slike tider gjennom bønner.

Til slutt er det å, "be uavbrutt" å formidle Guds Ord dag og natt. Samme hvor, med hvem, eller hva en person for tiden gjør, må sannheten i hans hjerte være virkelig og hele tiden gjøre dens arbeide.

Bønner er akkurat som å puste for vår ånd. Akkurat som kjøttet dør når det kjøttet stopper med å puste, vil stansing av beding føre til en svakere og til slutt åndens død. Det kan bli sagt at en person "ber uten stans" når han ikke bare roper ut gjennom bønn på spesielle tider, men også når han formidler Ordet dag og natt, og lever ifølge det. Når Guds Ord har et oppholdssted i hans hjerte og han fører sitt liv i samhørighet med den Hellige Ånd, da vil hver eneste del av hans liv vokse og han vil bli ført klart og fortrolig av den Hellige Ånd.

Akkurat som Bibelen forteller oss "søk etter Hans første kongerike og Hans rettferdighet," når vi ber for Guds kongerike - Hans forsyn og sjelenes frelse – istedenfor for oss selv, da vil Gud gi oss mange flere velsignelser. Men fremdeles er det mennesker som ber når de møter vanskeligheter eller når de føler at noe mangler, men så tar de en pause ifra beding når de har ro og fred. Det er andre som ber iherdig når de er fylt med den Hellige Ånd, men tar en pause når de ikke føler seg fullendt.

Men uansett må vi alltid samle opp våre hjerter og løfte vår aroma med bønner som Gud er tilfredsstilt med opp til Gud. Du kan forestille deg hvor torturerende og vanskelig det er å presse ut ordene imot ens vilje og å prøve å bare fylle opp tiden med bønner mens en også prøver å kjempe imot søvn og tomme tanker. Så hvis en troende anser seg selv som å ha en viss mengde tro men fremdeles har slike vanskeligheter og føler at det er tyngende å prate med Gud, burde han ikke så være flau over å erkjenne hans "kjærlighet" overfor Gud? Hvis du føler som om 'Min bønn er åndelig kjedelig og dårlig,' da burde du se på deg selv og se hvor glad og takknemlig du har vært.

Det er helt sikkerhet at når en persons hjerte alltid er fylt med glede og takknemlighet, at bønner vil bli fullendt gjennom den Hellige Ånd og at den ikke vil bli dårlig, men den vil gå dypere inn. En person vil ikke ha en følelse av og ikke kunne be. Men jo vanskeligere det blir, jo mer vil han lengte etter Guds nåde, som vil få ham til å rope ut til Gud mer alvorlig, og hans tro vil bare vokse og vokse.

Når vi roper ut i bønn fra dypt inne i vårt hjerte uten stans, vil vi få mye utbytte av våre bønner. Uansett de prøvelsene som vi får, vil vi holde på bønnetidene. Og til den grad hvor vi har ropt ut i bønn, vil den åndelige dybden av troen og kjærligheten vokse, og vi vil også dele lovprisninger med andre. Det er derfor imperativt at vi ber uavbrutt gjennom glede og takknemlighet slik at vi mottar svar ifra Gud i form av vakker frukt gjennom ånden og i kjøttet.

3) Vi må være takknemlige for alt.

Hvorfor burde du være takknemlig? Over alt annet er det faktum at vi, som egentlig skulle dø, har blitt reddet og så komme inn til Himmelen. Det faktum at vi har fått alt medberegnet vårt daglige brød og god helse, er grunn nok til at vi burde være takknemlige. Vi kan også være takknemlige uansett hvilke vanskeligheter og prøvelser fordi vi tror på den allmektige Gud.

Gud kjenner til alle våre omstendigheter og situasjoner, og hører alle våre bønner. Når vi stoler på Gud helt til slutten midt i noen som helst prøvelser, vil Han få oss til å komme frem mye vakrere gjennom disse prøvelsene.

Når vi er angrepet gjennom Vår Herres navn eller når vi til og med møter prøvelser på grunn av våre egne feil eller svakheter, vil vi se at alt vi kan gjøre er å være takknemlige, hvis vi virkelig stoler på Gud. Hvis vi mangler litt eller ikke strekker helt til, vil vi bare være mye mer takknemlige for Guds makt som blir sterkere og som gjør de svake perfekt. Selv når virkeligheten med det vi møter bare blir mer og mer vanskelig å håndtere og tåle, vil vi kunne være takknemlige på grunn av vår tro på Gud. Når vi vært takknemlige helt til slutten gjennom troen, da vil alle ting helt til slutt ha kommet sammen for det gode og de vil ha blitt til velsignelser.

Og juble hele tiden, be ustanselig, og være takknemlig for alt er alle på målestokken hvor vi måler hvor mye gevinst vi har fått i ånden og kjøttet gjennom vårt troende liv. Jo mer en prøver å juble samme hvilken situasjon vi finner oss i, sår gledes frø, og er takknemlige fra dypt inne i vårt hjerte i det han leter etter grunner til å være takknemlig, jo mer bytte av gleden og takknemlighet vil han få. Det samme gjelder bønner; jo mer anstrengelse vi putter i dem, jo større styrke og svar vil vi få tilbake.

Så ved og derfor ofre Gud den åndelige gudstjenesten som Han ønsker seg og som Han er tilfredsstilt med gjennom et liv hvor du alltid jubler, ber ustanselig, og er takknemlig) hver eneste dag. Det er derfor imperativt at vi ber uavbrutt gjennom glede og takknemlighet slik at vi kan motta svar ifra Gud (1. Tessalonikerne 5:16-18), og jeg håper at dere vil få massevis av frukt gjennom ånden og kjøttet.

2. Kapittel

Det Gamle Testamentets Ofringer Ifølge Tredje Mosebok

"Da ropte HERREN på Moses og sa til ham ifra møteteltet, 'Prat til Isralittene og si til dem, "Når noen av dere gir et offer til HERREN, da skal dere bringe dyre offeret fra hyrden eller fra flokken.""''

Tredje Mosebok 1:1-2

1. Betydningen av Tredje Mosebok

Det blir ofte sagt at Avsløringen i det Nye Testamentet og den Tredje Mosebok i det Gamle Testamentet er de vanskeligste tingene i Bibelen å forstå. Og på grunn av dette er det noen mennesker som hopper over disse delene når de leser Bibelen mens andre tror at loven og ofringer fra det Gamle Testamentets tider ikke gjelder oss her i dag. Men hvis disse delene ikke er viktige for oss her i dag, hva er så grunnen til at Gud satte disse bøkene inn i Bibelen. Siden hvert eneste ord i det Nye Testamentet og det Gamle Testamentet er viktige for våre liv gjennom Kristus, har Gud tillatt det å bli nedskrevet i Bibelen (Matteus 5:17-19).

Lovene angående ofringer ifra det Gamle Testamentets tider må ikke bli kastet vekk i det Nye Testamentets tider. Akkurat som det er med alle Loven, har også lovene vedrørende ofringer i det Gamle Testamentet blitt utfylt av Jesus i det Nye Testamentet. Antydningene om lovenes meninger angående ofringen fra det Gamle Testamentet ligger i hvert eneste steg av den moderne tilbedelsen i Guds sanktuarium og ofringene fra det Gamle Testamentets tider er det samme som fremgangsmåten i dagens gudstjeneste. Så fort vi har riktig forstått loven angående ofringene fra det Gamle Testamentet og deres betydning, vil vi kunne følge en snarvei til velsignelsene hvor vi vil møte Gud og erfare Ham ved å riktig kunne forstå hvordan vi kan tilbe og tjene Ham.

3. Mosebok er en del av Guds Ord som gjelder for alle de som i dag tror på Ham. Som vi finner i 1. Peters brev 2:5, er dette på grunn av, "Bli selv levende steiner som bygges opp til et åndelig hus! Bli et hellig presteskap og bær fram åndelige offer, som Gud tar imot med glede ved Jesus Kristus," at alle som mottar frelse gjennom Jesus Kristus kan komme til Gud, akkurat som prestene fra det Gamle Testamentets tider hadde gjort.

3. Mosebok er stort sett delt inn i to deler. Den første delen fokuserer stort sett på hvordan våre synder blir tilgitt. Det inneholder stort sett lover angående ofringer som en kan bruke for å bli tilgitt syndene. Den beskriver også kvalifikasjonene og prestenes ansvar som tar seg av ofringene mellom Gud og menneskene. Den andre delen forteller i store detaljer om de syndene som Guds valgte, Hans hellige mennesker, aldri må gjøre. Alt i alt må hver troende lære seg Guds vilje som kan bli funnet i 3. Mosebok, og som legger vekt på hvordan en kan beholde de hellige forhold som han har med Gud.

Lovene angående ofringene i 3. Mosebok forklarer metodologien angående hvordan vi burde be. Akkurat som vi møtte Gud og fikk Hans svar og velsignelser gjennom gudstjenesten, mottok mennesker i det Gamle Testamentets tider tilgivelse av synder og erfarte Guds arbeider gjennom ofringer. Men etter Jesus Kristus har den Hellige Ånd lagt seg inne i oss og vi har nå kunnet få samhold med Gud idet vi tilber Han gjennom ånden og sannheten midt i den Hellige Ånds arbeide.

Hebreerne 10:1 forteller oss, "Loven inneholder bare en skygge av alt det gode som skulle komme, ikke det sanne bildet av tingene. Hvert år bæres det fram offer som stadig er de samme, men med disse makter ikke loven å gjøre dem som ofrer, fullkomne." Hvis det finnes en form, da blir det en skygge av denne formen. "Formen" er i dag det fakta at vi kan tilbe gjennom Jesus Kristus og i det Gamle Testamentets tider, mennesker bevarte deres forhold med Gud gjennom ofringer, som var en skygge.

Ofringer til Gud må bli gitt ifølge de reglene Han setter; Gud aksepterer ikke tilbedelse som kommer fra en person som gir ofringen ifølge hans egne veier. I Første Mosebok 4, kan vi se at selv om Gud aksepterte ofringer ifra Abel ifølge Guds vilje, men Han hadde ingen respekt for ofringene som kom ifra Kain som ga det ifølge hans egen ofrings metode.

På samme måte er det tilbedelse som Gud er tilfredstilt med og tilbedelse som kommer litt på villspor fra Hans regler og som derfor blir ubetydelige for Gud. Funnet i ofringslovene i 3. Mosebok er praktisk informasjon om gjennom hva slags tilbedelse vi kan motta Guds svar og velsignelser og hvilke Han er tilfredstilt med.

2. God Ropte på Moses fra Møteteltet

3. Mosebok 1:1 sier, "Da tilkalte Herren Moses og pratet med ham ifra møte teltet, og sa..." Møteteltet er et mobilt sanktuarium som forenklet hurtige bevegelser av isralittene som bodde i villmarken, og det var der Gud tilkaldte Moses. Møteteltet referer til tabernakel som består av Sanktuarium og

det Helligste av det Hellige (2. Mosebok 30:18, 30:20, 39:32, og 40:2). Det kan også samlet referere til tabernakel og hengingene som stod rundt rettslokalene (4. Mosebok 4:31, 8:24).

Etter 2. Mosebok og på deres reise imot landet Kanaan, brukte isralittene lang tid i villmarken og måtte hele tiden flytte på seg. På grunn av dette kunne ikke tempelet med ofringer til Gud bli bygd på et fast sted, men det ble til en tabernakel som lett kunne bli flyttet på. Det er derfor at denne bygning også blir kalt "tabernakel tempelet."

I 2. Mosebok 35:39 finner en spesielle detaljer angående byggingen av tabernakel. Gud selv ga Moses detaljer om byggingen av tabernakel og hvilke materialer som skulle brukes. Når Moses fortalte menigheten om materialene som var nødvendige for oppbyggingen av tabernakel, brakte de gledelig veldig mye av slikt material som gull, sølv, bronsje; forskjellige slags steiner; blå, lilla og skarlagenrødt stoff, og fint lintøy; de brakte geitehår, lær fra en bukk og nise, at Moses måtte stoppe menneskene fra å ta med seg mere (2. Mosebok 36:5-7).

Tabernakel ble derfor bygget med gaver som hadde blitt ofret av menigheten. For isralittene som var på vei til Kanaan etter at de hadde forlatt Egypt som om de flyktet fra det, hadde prisen for å bygge tabernakel ikke vært liten. De hadde ikke verken hjem eller land. De kunne ikke oppbecare deres rikdommer gjennom dyrking. Men under håp om Guds løfte, Han som hadde fortalt dem at Han ville oppholde seg blandt dem så fort de laget i stand et oppholdssted for Ham, tok isralittene på seg alle omkostningene og arbeide med lykke og glede.

Gamle Testamentets Ofringer som har blitt Skrevet ned i 3. Mosebok · 23

For isralittene som lenge hadde lidd av forferdelig misbruk og hardt arbeid, var det en ting de lengtet etter mer enn noe annet, og det var friheten ifra slaveri. Så Gud ba dem derfor om å bygge en tabernakel, siden Han hadde fridd dem ifra Egypt, og så Han kunne oppholde seg blant dem. Isralittene hadde ingen grunn til å utsette det, og de bygget så et tabernakel med gledelig hengivenhet fra isralittene som dens grunnlag.

"Sanktuariumet" ligger rett på innsiden av tabernakel, og når en går gjennom Sanktuariumet finner vi det 'Helligste av det Hellige.' Dette er det helligste stedet. Det helligste av de Hellige huser Paktens ark. Grunnen til at Arkens Vitneutsagn, som inneholder Guds Ord, ligger i det Helligste av det Hellige minner oss om Guds tilstedeværelse. Siden hele tempelet er et hellig sted i likhet med Guds hus, er det Helligste av det Hellige et spesielt sted som blir satt til side og som blir sett på som det helligste av alle plassene. Selv høyeste presten kunne bare komme inn til det Helligste av de Hellige en gang i året og denne anledningen var for å gi en synde ofring til Gud ifra menneskene. Vanlige mennesker kunne ikke komme inn dit. Dette er fordi syndere aldri kan stå rett foran Gud.

Men, gjennom Jesus Kristus har vi alle fått rettigheten til å kunne stå foran Gud. I Matteus 27:50-51 står det, "Jesus ropte ut igjen med en høy stemme, og brakte fram Hans ånd. Og se, forhenget i tempelet ble revet i to fra topp til tå." Når Jesus ofret seg selv gjennom døden på korset for å kunne redde oss fra synden, ble sløret som hadde stått mellom oss og det Helligste av det Hellige revet i to.

Hebreerne prater mer om dette i 10:19-20, "Så har vi da, søsken, frimodighet ved Jesu blod til å gå inn i helligdommen, dit han har innviet i en ny og levende vei for oss gjennom forhenget, som er Hans kropp." At forhenget ble revet i stykker i det Jesus ofret Hans kropp gjennom døden antyder fallet av veggen med syndene mellom Gud og oss. Nå kan alle som tror på Jesus Kristus motta tilgivelse fra syndene og komme til veien som har blitt laget og stå opp foran den Hellige Gud. Mens bare prester før kunne komme opp foran Gud, kan vi nå ha direkt og fortrolig samhold med Ham.

3. Den Åndelige Betydningen med Møteteltet

Hvilken betydning har møteteltet til oss i dag? Møteteltet er i dag kirken hvor de troende i dag ber, Sanktuariumet er hoveddelen av de troende som aksepterte Herren, og de Helligste av de Hellige er vårt hjerte hvor den Hellige Ånden oppholder seg. 1. Korinterne 6:19 minner oss om, "Er du ikke klar over at kroppen din er et tempel for den Hellige Ånd som oppholder seg inne i deg, som du har fått ifra Gud, og at dere ikke lenger tilhører dere selv?" Etter at vi aksepterte Jesus Kristus som Frelseren ble den Hellige Ånd gitt til oss i gave ifra Gud. Siden den Hellige Ånd oppholder seg inne i oss, er vårt hjerte og vår kropp et hellig tempel.

Vi kan også finne i 1. Korinterne 3:16-17, "Er du ikke klar over at du er et av Guds temple og at Guds Ånd oppholder seg inne i deg? Hvis noe menneske ødelegger Guds tempel, da vil Gud skade ham, for Guds tempel er hellig, og dette tempelet er dere." Akkurat som vi må holde det synlige tempelet til Gud rent og hellig hele tiden, må vi også holde vår kropp og hjerte rent og hellig hele tiden, det som er oppholdsstedet for den Hellige Ånd.

Vi leste at Gud ville ødelegge alle som ødelagte Guds tempel. Hvis en person er Guds barn og har akseptert den Hellige Ånd, men fortsetter med å ødelegge seg selv, da vil den Hellige Ånd slukkes og det vil ikke være noen frelse for denne personen. Bare når vi holder tempelet hvor den Hellige Ånd oppholder seg hellig gjennom våre gjerninger og vårt hjerte, kan vi nå en fullstendig frelse og ha et direkte og fortrolig samhold med Gud.

Så det faktum at Gud tilkalte Moses ifra møteteltet sier oss at den Hellige Ånd tilkaller oss innenfra, og prøver å stifte samhold med oss. Det er helt naturlig for Guds barn som har mottat frelse å få samhold med Gud Faderen. De må be gjennom den Hellige Ånd og tilbe gjennom ånden og sannheten i fortrolig fellesskap med Gud.

Mennesker i det Gamle Testamentets tider klarte ikke å ha samhold med den Hellige Gud på grunn av deres synder. Bare den høyeste presten kunne bare komme inn til det Helligste av de Hellige inne i tabernakel og gi Gud ofringer på vegne av menneskene. I dag kan hvem som helst av Guds barn komme inn til Sanktuarium for å be, og få fellesskap med Gud. Dette er fordi Jesus Kristus har reddet oss ifra alle synder.

Når vi har akseptert Jesus Kristus, da vil den Hellige Ånd

oppholde seg i våres hjerte og se på det som det Helligste av de Hellige. Men ytterligere akkurat som Gud tilkalte Moses ifra møteteltet, tilkaller den hellige Ånden oss fra dypt nede i våres hjerte og ønsker å få samhold med oss. Ved å tillate oss å høre stemmen til den Hellige Ånd og motta Hans ledelse, vil den Hellige Ånd få oss til å leve i sannheten og forstå Gud. For å kunne høre stemmen til den Hellige Ånd, må vi kaste vekk vår synd og ondskap som vi har i vårt hjerte og bli frelst. Så fort vi har fullført frelse, vil vi kunne høre stemmen til den Hellige Ånd klart og tydelig og det vil være en overflod av velsignelser i både ånden og i kjøttet.

4. Formen av Møteteltet

Formen av møteteltet er veldig simpelt. En må gå forbi porten, som har en vidde på rundt ni meter på østsiden av tabernakel. Når en kommer inn til plassen til tabernakel, vil en først komme til Alteret for de Brennende Ofringene som er laget av bronsje. Mellom dette alteret og Sanktuarium kan en finne en døpefont eller et høytids bassend, bortenfor dette er Sanktuarium og så det Helligste av de Hellige som er midten av møteteltet.

Dimensjonene på tabernakel sammensatt av Sanktuarium og det Helligste av de Hellige er fire og en halv meter i vidden, tretten og en halv meter i lengden og fire og en halv meter i høyden. Bygningen står på en fontene som er laget av sølv, med vegger som består av stolper av akasie tre som har blitt dekket av gull, og taket er dekket med fire lag av gardiner. Basunengler har

Konstruksjonen av Møteteltet

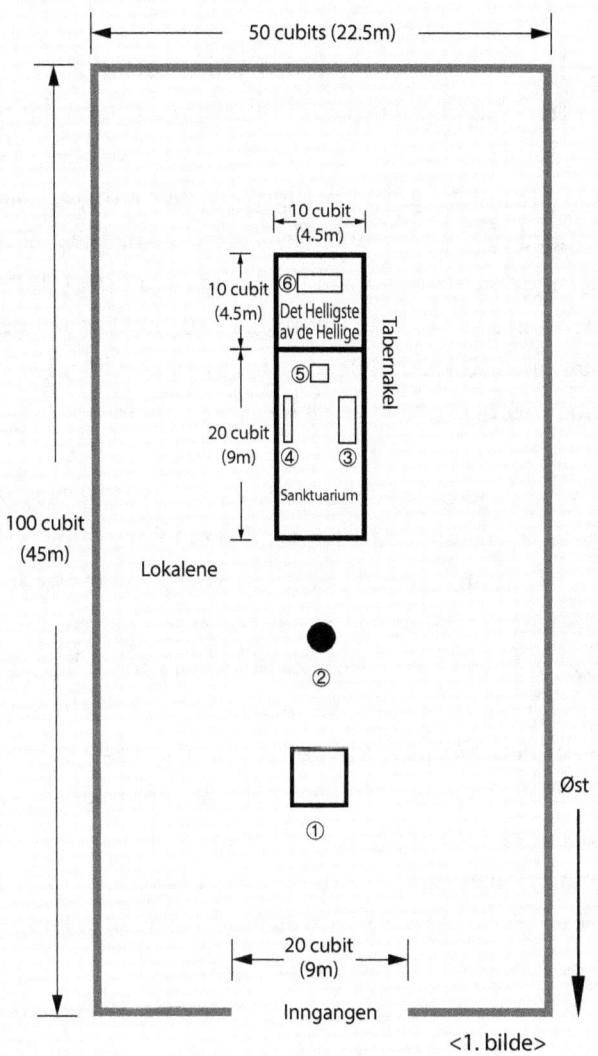

<1. bilde>

Dimensjoner
Lokalene: 100 x 50 x 5 cubit
Inngangen: 20 x 5 cubit
Tabernakel: 30 x 10 x 10 cubit
Sanktuarium: 20 x 10 x 10 cubit
Det Helligste av de Hellige: 10 x 10 x 10 cubit
(* 1 cubit = omkring 44 cm)

Redskap
1) Alteret med den Brente Ofringen
2) Døpefonten
3) Bordet med det Åndelige Brødet
4) En Lampefot av Rent Gull
5) Alteret med Røkelsen
6) Paktens Ark

blitt vevd inn i det første laget; den andre laget er laget av geite hår; det tredje laget er laget av bukkelær; og det fjerde laget er laget av niselær.

Sanktuariumet og det Helligste av de Hellige er skilt av gardiner med vevd inn basunengler. Størrelsen på Sanktuariumet er to ganger så stort som det Helligste av de Hellige. I Sanktuariumet finnes det et bord for Skuebrød, et lampebord, og Alteret med Røkelse. Alle disse tingene har blitt laget av rent gull. Inne i det helligste av de Hellige ligger Paktens ark.

La oss summere opp dette. Først, inne i det Helligste av de Hellige lå et sakralt sted hvor Gud oppholdt seg og Paktens Ark var, og ovenfor dette lå også nådestolen i dette stedet. En gang om året på Soningsdagen, gikk høyerste presten inn til det Helligste av de Hellige og sprinklet blod på nådestolen på vegne av folket for å kunne gjøre soningen. Alt i det Helligste av de Hellige var dekorert med rent gull. Inne i Paktens Ark står de to tavlene av stein som de Ti Budene har blitt skrevet på, en krukke med manna, og filtkongslyset som hadde blomstret.

Sanktuariumet var der hvor presten ville komme inn for å gi ofringer og på innsiden var Alteret med Røkelse, et lampebord, og et bord for Skuebrødet, og alt var laget av gull.

Det tredje er en døpefont laget av bronsje. Vaskevannsfatet inneholdt vann hvor prestene kunne vaske hendene deres og føttene før de gikk inn i Sanktuariumet eller før den øverste presten gikk inn til det Helligste av de Hellige.

Fjerde, Alteret med den Brennende Ofringen var laget av

Bildevisning

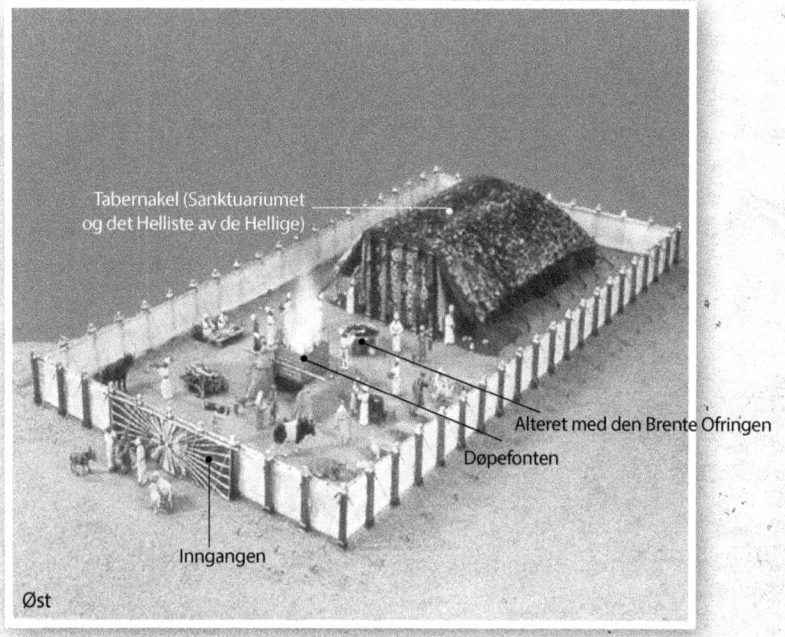

<2. bilde>

Den Panoramiske Utsikten av Møteteltet

Innenfor lokalet ligger alteret med det brennende offeret (2. Mosebok 30:28), en døpefont (2. Mosebok 30:18), og Tabernakelet (2. Mosebok 26:1, 36:8), og hengende over lokalet kan en se det fint flettede lintøyet. Det finnes bare en inngang inn til den østlige Tabernakel (2. Mosebok 27:13-16), og det symboliserer Jesus Kristus, den eneste døren til frelse.

Bildevisning

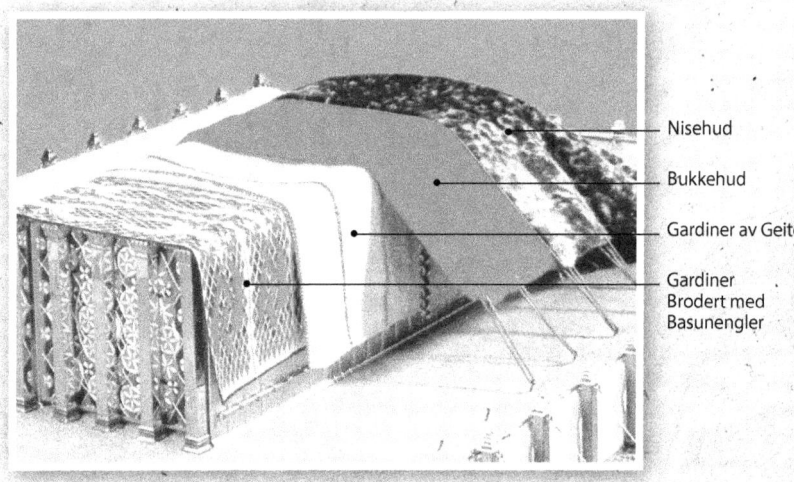

<3. bilde>

Dekningene for Tabernakel

Fire dekningslag til å dekke over Tabernakel.
På bunnen er det gardiner som er brodert med basunengler; på toppen av dem er gardiner med geitehår, på toppen av dem er bukkehud; og helt på toppen finnes nisehud. Dekningslagene i det bilde nr 3 viser at hvert lag er synlig. Med dekningslagene avdekket, kan en se forhenget til Sanktuariumet foran Sanktuariumet, og bak dem finner vi alteret med røkelsen og forhenget til det Helligste av de Hellige.

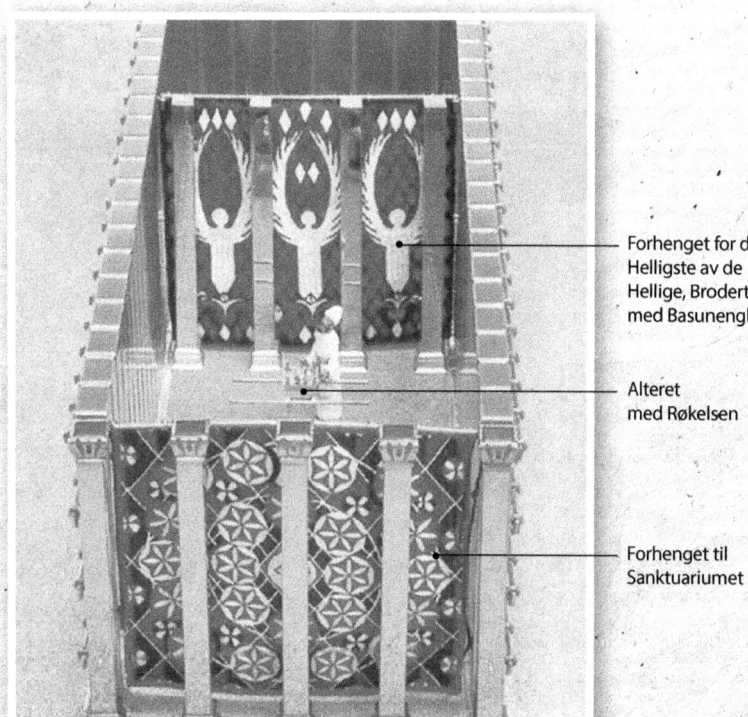

<4. bilde>

- Forhenget for det Helligste av de Hellige, Brodert med Basunengler
- Alteret med Røkelsen
- Forhenget til Sanktuariumet

Sanktuariumet Sett uten Dekningen

Foran er forhenget for Sanktuariumet, og synlig bak dem kan en se alteret med røkelsen og forhenget til det Helligste av de Hellige.

Bildevisning

<5. bilde>

Tabernakelet Innvendig

I midten av Sanktuariumet er lampefoten som er laget av rent gull (2. Mosebok 25:31), bordet med det åndelige brødet (2. Mosebok 25:30), og på baksiden er altered med røkelsen (2. Mosebok 30:27).

Alteret med Røkelsen

Bordet med det Åndelige Brødet

Lampefoten

Bildevisning

<9. bilde>

På Innsiden av Det Helligste av de Hellige

Den bakerste veggen i Sanktuariumet har blitt fhernet for at en kan se det Helligste av de Hellige. Synlig er Paktens ark, nådestolen, og forhenget til det Helligste av de Hellige mot baksiden av rommet. En gang i året tok øverstepresten på seg hvite klær og gikk inn i det Helligste av de Hellige og drysset blod på syndeofferet.

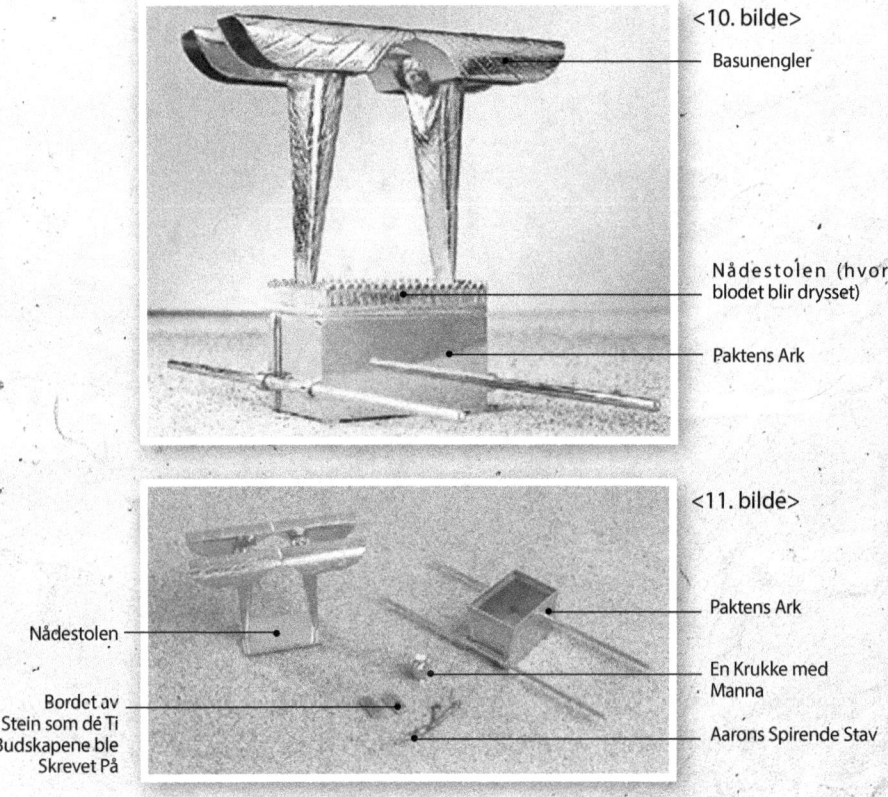

Paktens Ark og Nådestolen

På Innsiden av det Helligste av de Hellige ligger Paktens Ark som er laget av rent gull, og på toppen av Arken ligger nådestolen. Nådestolen refererer til dekningen av Paktens Ark (2. Mosebok 25:17-22), og blodet blir drysset der en gang i året. På begge endene av nådestolen kan en finne de to basunenglene som har vinger som dekker nådestolen (2. Mosebok 25:18-20). På innsiden av Paktens Ark står bordene av stein som de Ti Budskapene har blitt skrevet på; en krukke med manna; og Aarons stav som stod i knopp.

Bildevisning

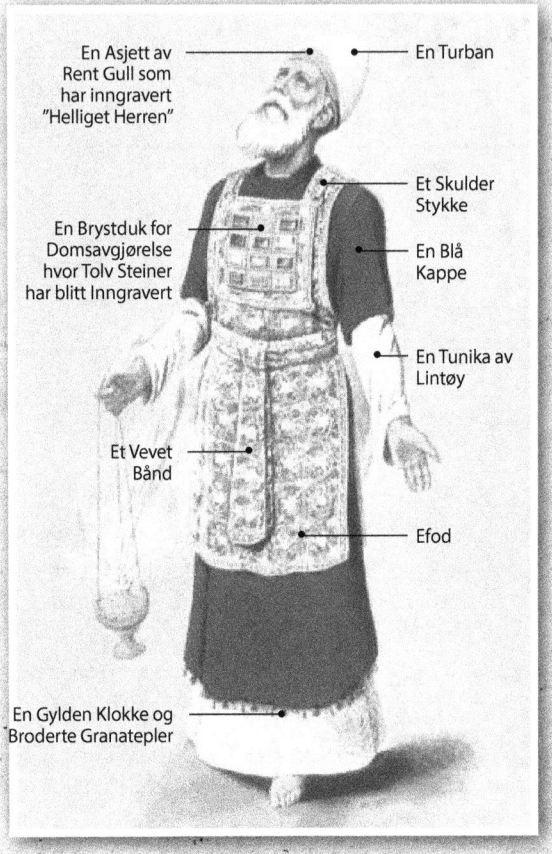

<12. bilde>

Øverste Prestens Klesplagg

Øverstepresten ble betrodd vedlikeholdelsen av Tempelet og overså ofringstjenestene, og gikk en gang i året inn til det Helligste av det Hellige for å gi et offer til Gud. Alle som lykkes i å få stillingen som øversteprest måtte ha i hans besittelse av Urim og Tummim. Disse to steinene, som ble brukt for å søke etter Guds vilje, ble plassert i brystduken på toppen av efoden som presten hadde på seg. "Urimen" innebærer lysene og "Tummim" innebærer fullkommenhet.

bronsje og den var sterk nok til å motstå ild. Ilden på alteret "kom ut foran HERREN" når tabernakel var fullført (Tredje Mosebok 9:24). Gud ba også om at ilden på alteret skulle brenne uopphørlig, aldri bli slukket, og hver dag skulle to et-år-gamle lam bli ofret på det (2. Mosebok 29:38-43; 3. Mosebok 6:12-13).

5. Den Åndelige Betydningen av og Ofre Okser og Lam

I den 3. Mosebok 1-2, fortalte Gud til Moses, "Prat til Isralittene og si til dem, 'Når noen av dere gir et offer til HERREN, da skal dere bringe dyre offeret fra hyrden eller fra flokken.' Guds barn gir Ham forskjellige slags ofringer under gudstjenestene. I tillegg til tiendedelen, finnes det ofringer som inkluderer takknemlighet, oppførelse og befrielse. Men Gud sier at hvis noen bringer Ham en ofring, da må ofringen komme fra "et dyr ifra hyrden eller menigheten." Akkurat som dette verset gir en åndelig betydning, må vi ikke gjøre det som verset bokstavelig talt ber om, men vi må først forstå den åndelige meningen og så gjøre ting ifølge Guds vilje.

Hvilken åndelig mening ligger i ofringen av et dyr fra hyrden eller menigheten? Dette betyr at vi må tilbe Gud gjennom ånden og sannheten og ofre oss selv som levende og hellige ofringer. Dette er den "åndelige gudstjensten" (Romerne 12:1). Vi må alltid holde oss oppmerksomme i bønnene og ikke bare oppføre oss selv på en hellig måte overfor Gud under gudstjenestene, men også i våre daglige liv. Da vil vår tilbedelse og alle våre ofringer bli gitt til Gud som et levende og hellig offer som Gud vil se på som en åndelig gudstjeneste.

Hvorfor ba Gud isralittene om å gi Ham okser og lam blant all dyrene? Okser og lam, blant alle dyr, vil være mest passende for Jesus, som har blitt til en fredsofring for menneskenes frelse. La oss kikke på likheten mellom Jesus og 'okser'.

1) Okser bærer menneskets byrder.

Akkurat som okser bærer menneskets byrder, har Jesus bært våre synder. I Matteus 11:28 forteller Han oss, "Kom til Meg, alle dere som strever og bærer tunge byrder, og jeg vil gi dere hvile." Mennesker strever og prøver alt for å oppnå rikdom, ære, kunnskap, berømmelse, opphøyelse og makt og angående alle deres ønsker. På toppen av mange byrder som han bærer på, bærer mennesket også byrden angående synden og lever sitt liv midt i prøvelser, lidelser, og tortur.

Nå tok Jesus opp byrdene og livets lass ved å bli et offer, miste alt Hans blod for soningen, og bli korsfestet på et kors av tre. Gjennom Herrens tro kan mennesket frigjøre alle hans problemer og syndige byrder og nyte fred og hvile.

2) Okser vil ikke forårsake problemer for mennesker; de vil bare være til gagn for ham.

Kyr hjelper ikke bare mennesker gjennom arbeid, de gir ham også melk, kjøtt og lær. Fra dens hodet til hoven, er det ikke noe del av kua som er ubrukelig. Jesus var også på samme måte til gagn for mennesket. Ved å vitne til Himmelens evangeliet til de fattige, de syke, og de forlatte, ga Han dem trøst og håp, løsnet opp de onde lenkene, og helbredet sykdommer og svakheter. Selv om Han ikke kunne verken sove eller spise, gjorde Jesus alt for å undervise Guds Ord til den siste sjelen på alle måter. Ved å ofre Hans liv og bli korsfestet, åpnet Jesus veien for frelse til synderne som før skulle ha kommet til Helvete.

3) Kyr gir næring til mennesket gjennom deres kjøtt.

Jesus ga mennesket Hans kjøtt og blod slik at mennesket kunne lage brød ut av det. I Johannes evangeliet 6:53-54 forteller Han oss, "Hvis dere ikke spiser Menneskesønnens kropp og drikker Hans blod, har dere ikke livet i dere. Men den som spiser Min kropp og drikker Mitt blod, har evig liv, og jeg skal reise ham opp på den siste dag."

Jesus er Guds Ord som kom til denne verden i kjøttet. Og derfor spise Jesus' kjøtt og drikke Hans blod er å lage brød av Guds Ord og leve etter det. Akkurat som mennesker kan leve ved å drikke og spise, kan vi få et evig liv og komme inn til Himmelen bare ved å spise og lage brød av Guds Ord.

4) Kyr pløyer åkre og gjør det til fruktbar jord.

Jesus kultiverer menneskets hjerte åker. I Matteus 13 prates det om en lignelse som sammenligner menneskets hjerte til fire forskjellige type åkre: En veikant; en steinete åker; en åker full av torner; en åker med fruktbar jord. Siden Jesus reddet oss ifra alle våre synder, har den Hellige Ånd laget et oppholdssted i hjertene våres og gitt oss styrke. Hjertene våres kan bli forvandlet til god jord ved hjelp av den Hellige Ånd. Idet vi stoler på blodet til Jesus, Han som har gitt oss tlgivelse for alle våre synder, og iherdig adlyder sannheten, vil våre hjerter bli fruktbare, rike, ha god jord, og vi vil kunne motta velsignelser gjennom ånden og kjøttet ved å innhøste 30, 60 og 100 ganger mer enn det vi sådde.

Hvilke ligninger er det mellom lam og Jesus?

1) Lam er ydmyke.

Når vi prater om ydmyke og rolige mennesker, vil vi vanligvis sammenligne dem med et lam. Jesus er den mest ydmyke av dem alle. Esias 42:3 sier, "Han skal ikke bryte et knekket rør og ikke slokke en rykende veke." Selv når det gjelder de onde og de perverse eller de som har angret men som fremdeles synder, er Jesus tålmodig helt til slutten, og venter på at de skal omvende seg fra deres synder. Mens Jesus er Guds Sønn, Skaperen, og har myndigheten til å ødelegge alle mennesker, forble Han tålmodig med oss og viste Hans kjærlighet til og med når Han ble korsfestet av de ondskapsfulle.

2) Et lam er lydig.

Et lam følger lydig etter dens hyrde og holder seg til og med stille når den blir klippet. Akkurat som 2. Korinterne 1:19 sier, "For Guds Sønn, Jesus Kristus, som vi har forkynt for dere, jeg, Silvanus og Timoteus, han var ikke ja og nei; i ham er det bare ja." Jesus insisterte ikke på Hans egen vilje, men holdt seg lydig overfor Gud helt til Han døde. Gjennom hele Hans liv, dro Jesus bare til plasser som Gud hadde valgt, og gjorde bare hva Gud ville at Han skulle gjøre. På slutten, selv når Han veldig godt kjente til den truende dype smerten av korset, bærte Han bare lydig på det for å fullføre Hans Fars vilje.

3) Et lam er rent.

Her er et lam et år gammelt gutte lam som ikke ennå har vært parret (2. Mosebok 12:5). Et lam på denne alderen kan bli sammenlignet med en nydelig og ren person i hans ungdom – eller den uklanderlige og uflekkede Jesus. Lam gir også pels, kjøtt, og melk; de vil aldri skade noen, men vil bare være til gagn for andre. Akkurat som vi pratet om tidligere, ofret Jesus Hans kjøtt og blod, og ga oss den siste delen av Ham. I fullstendig lydighet til Gud Faderen, fullførte Jesus Guds vilje og ødelagte veggen med synder mellom Gud og syndere. Selv i dag, vil Han kultivere våre hjerter slik at de blir til rene og fruktbare åkre.

Akkurat som mannen som ble reddet fra hans synder gjennom okser og lam i det Gamle Testamentets tider, ofret Jesus seg selv som et offer på korset og fullførte en evig frelse gjennom Hans blod (Hebreerne 9:12). Når vi tror på dette faktum må vi rett og slett forstå hvordan Jesus ble et offer som Gud aksepterte slik at vi alltid kan være takknemlige for kjærligeten og nåden til Jesus Kristus, og herme etter hans liv.

3. Kapittel

Brente Ofringer

"Prestene skal brenne alle [de unge oksene] på alteret. Det er et
brennoffer, et ildoffer til en duft
som behager HERREN."

Tredje Mosebok 1:9

1. Betydningen av Brente Ofringer

Det brennende offered, det første av alle ofringene som ble skrevet ned i 3. Mosebok, er det eldste av alle ofringer. Etymologien av uttrykket "brent ofringer" er "å la det stige opp." En brennende ofring er et offer som har blitt lagt på alteret og som er fullstendig overveldet av flammer. Det symboliserer hele menneskets ofringer, hans hengivenhet, og den frivillige tjenesten. Og tilfredstille Gud med den duftende aromaen fra det brennende dyret som har blitt ofret, er det brennende offeret den vanligste metoden å gi ofringer på og virker som et tegn på det fakta at Jesus har bært våre synder og ofret seg selv som et fullstendig offer, og dermed blitt et duftende offer overfor Gud (Efeserne 5:2).

Og tilfredstille Gud med aroma betyr ikke at Gud kjenner lukten av dyret som har blitt ofret. Det betyr at Han har akseptert aromaen ifra hjertet til personen som ga Ham offeret. Gud studerer hvor mye en person frykter Gud og med hva slags kjærlighet denne personen gir ofringer til Gud. Da mottar Han denne personens hengivenhet og kjærlighet.

Dreping av et dyr for å gi Gud et brennende offer viser at vi gir Gud vårt liv og adlyder alt det som Han ber oss om. Den åndelige meningen med den brennende ofringen er med andre ord å leve fullstendig etter Guds Ord og ofre Ham hvert eneste ting av livet vårt på en ren og hellig måte.

I dagens betegnelse er dette et uttrykk fra vårt hjerte med å love å gi våre liv til Gud ifølge Hans vilje ved å gå i gudstjenestene i Påsken, høsttakkefesten, Julen, og hver eneste søndag. Å tilbe

Gud hver eneste søndag og holde søndagen hellig vil vitne til at vi er Guds barn og at vår ånd tilhører Ham.

2. Et tap for den Brente Ofringen

Gud befalte om at et brennende offer måtte være et "hankjønn uten skade," som symboliserer fullkommenhet. Han vil han hankjønn fordi han ser på dem som generelt mere trofaste overfor deres prinsipper enn hunkjønn er. De vakler ikke fram og tilbake og fra venstre til høyre, er ikke slue, og svikter ikke. Og det faktum at Gud gjerne vil at ofringen skal være "uten feil" innebærer at en burde tilbe Ham gjennom ånden og sannheten, og må ikke tilbe Ham med en ødelagt ånd.

Når vi gir gaver til våre foreldre, da vil de med glede akseptere dem når vi gir dem med kjærlighet og barmhjertighet. Hvis vi gir det motvillig, da kan ikke våres foreldre akseptere det med glede. På samme måte vil Gud ikke akseptere tilbedelse som har blitt ofret til Ham uten glede eller omgitt av tretthet, søvnighet, eller tomme tanker. Han vil gledelig bare akseptere vår tilbedelse når våre hjerter er helt fylt med håp ifra Himmelen, takknemligheten for frelsens nåde og Vår Herres kjærlighet. Bare da vil Gud gi oss en måte å flykte fra fristelse og sorg, og tillate at alle våre veier skal blomstre.

En "ung okse" som Gud ba dem om å ofre i 3. Mosebok 1:5 refererer til en ung okse som ikke ennå har blitt parret, og som åndelig refererer til renheten og integriteten til Jesus Kristus. Vist i dette verset er derfor Guds ønske om at vi skal komme til Ham med et rent og alvorlig hjerte akkurat som et barn. Han vil ikke at vi skal oppføre oss barnslig eller forhastet, men vil gjerne at vi skal ha et hjerte som et barn som er simpelt, lydig, og ydmykende. En ung okses horn har ikke ennå vokst, så det stanger ikke og har ingen ondskap. Disse egenskapene er også de samme som Jesus Kristus, Han som er ydmykende, barmhjertig, og rolig akkurat som et barn. Siden Jesus Kristus er den uklanderlige og perfekte Sønnen til Gud, må et offer som er sammenlignet med Ham også være uklanderlig og flekkefri. I Malaki 1:6-8 vil Gud strengt irettesette isralittene som gav Ham fordervet og ufullstendige ofringer.

"En sønn ærer sin far og en trell sin herre. Men er jeg far, hvor er da mi ære, er jeg herre, hvor er da frykten for meg?" sier Herren, Allhærs Gud, til dere prester som ringeakter mitt navn. Dere spør: "Hvordan viser da vi ringeakt for ditt navn?" "Ved å bære fram uren mat på mitt alter". Dere spør: "Hvordan har vi krenket din renhet?" Ved å si: "HERRENs bord er lite å akte." Når dere vil ofre et blindt dyr, er ikke det galt? Når dere bringer et halt eller sykt dyr, er ikke det galt? Kom med slik til din stattholder! Tror du han vil synes om deg eller ta vel imot deg?" sier HERREN, Allhærs Gud.

Vi må gi et flekkefritt, uklanderlig og perfekt offer ved å tilbe Ham gjennom ånden og sannheten.

3. Betydeligheten med de Forskjellige Typer Ofringer

Guds rettferdighet og barmhjertighet kikker på menneskets hjerte. Han er derfor ikke interesert i hverken størrelse, verdien, eller hvor mye ofringen har kostet den personen som gir gaven gjennom troen ifølge hans omstendigheter. Akkurat som han forteller oss i 2. Korinterne 9:7, "Enhver skal gi det han har bestemt seg for i sitt hjerte, ikke med ulyst eller av tvang. For Gud elsker en glad giver," Gud vil med glede akseptere ofre som blir gitt til Ham gjennom glede ifølge våre omstendigheter.

I 3. Mosebok 1, forklarer Gud i store detaljer om hvordan unge okser, lam, geiter, og fugler skal bli ofret. Mens unge friske okser er det beste å gi Gud som brennende ofringer, har ikke alle mennesker råd til okser. Det er derfor gjennom Hans barmhjertighet og medlidenhet at Gud har tillat oss å også gi Ham lam, geiter, eller duer ifølge hver og ens omstendigheter og vilkår. Hvilken betydelighet har dette?

1) Gud aksepterer ofre som blir gitt til Ham ifølge en persons evne.

Økonomisk evne og omstendigheter vil variere fra menneske til menneske; en liten del for noen kan være en veldig stor del for andre. På grunn av dette vil Gud med glede ta imot lam, geiter, eller duer som mennesker har ofret Ham ifølge den personens evner. Dette er Guds rettferdighet og kjærlighet hvor Han har tillat alle, samme om de er rike eller fattige, å delta i ofringer ifølge deres egne evner.

Gud vil ikke gledelig ta imot en geit ifra noen som har råd til en okse. Men Gud vil med glede ta imot og hurtig gi svar på deres ønsker fra noen som har gitt Ham en okse, hvis han egentlig bare hadde råd til et lam. Samme om det ble ofret en okse, et lam, eller en due, sa Gud at hver av dem var "en beroligende duft" til Ham (3. Mosebok 1:9, 13, 17). Dette betyr at, selv om det er forskjellige grader en kan gi ofringer på, finnes det ingen forskjell siden de alle har en beroligende duft for Ham når vår ofringer kommer ifra våres hjerter.

I Matteus 12:41-44 kan vi finne en scene hvor Jesus ber en fattig enke om å gi et offer. De to små kobber myntene som hun ga var den minste valutaen som ble gitt akkurat da, men det var alt hun hadde. Samme hvor små ofringen er, vil Han være tilfreds med den når vi gir den til Ham ifølge vår evne og med glede.

2) Gud aksepterer tilbedelse ifølge en persons intellekt.

Når vi hører på Guds Ord, vil forståelsen og nåden variere fra enhver persons intellekt, utdannelses bakgrunn, og kunnskap. Selv i løpet av den samme gudstjenesten, vil muligheten for å forstå og huske Guds Ord være lavere for de som ikke er så ntelligent og som ikke har hatt så mye undervisning sammenlignet med de mennesker som er klokere og som har mer utdannelse. Siden Gud er klar over alt dette, vil Han at en person skal tilbe Ham innenfor deres egne intellekter og helt fra hans hjerte og forstå og leve ifølge Guds Ord.

3) Gud aksepterer tilbedelse ifølge en persons alder og skarpsindighet.

Ettersom mennesker blir eldre vil deres hukommelse og forståelse svikte. Det er derfor mange eldre ikke lenger kan forstå eller huske Guds Ord. Men til og med når disse menneskene gir seg selv i tilbedelse gjennom et rent hjerte, da vil Gud kjenne hvert eneste menneskes omstendigheter og Han vil med glede ta imot deres bønner. Hold i betraktning at når en person tilber midt i den Hellige Åndens inspirasjon, da vil han få Guds makt selv om han mangler visdommen eller kunnskapen, eller er gammel. Gjennom den Hellige Ånd vil Gud hjelpe ham med å forstå og lage brød ut av Ordet. Så gi ikke opp ved å si, "Jeg er ikke god nok" eller "jeg har prøvet, men jeg kan fremdeles ikke," men vær sikker på å prøve så godt dere kan og søke etter Guds makt. Vår kjærlige Gud vil med glede ta imot offer som Han får i henhold til personens største anstrengelse og ifølge personene omstendigheter og betingelser. Det er av denne grunnen at Han skrev det ned i 3. Mosebok i slike detaljer angående de brente ofringene og proklamerte Hans rettferdighet.

4. Ofringer av Okser (Tredje Mosebok 1:3-9)

1) Unge Okser Uten Skade ved Inngangen til Møteteltet

Innenfor et tabernakel ligger Sanktuariumet og det Helliste av de Hellige. Det er bare en prest som kan komme inn til Sanktuariumet og bare øverstepresten kan komme inn til det helligste av det Hellige en gang i året. Det er derfor vanlige mennesker, som ikke kunne komme inn til Sanktuariumet, kunne gi unge okser som brente ofringer ved inngangen av Møteteltet.

Men siden Jesus har ødelagt den syndige veggen som har stått mellom Gud og oss, kan vi nå ha en direkte og fortrolig samhold med Gud. Mennesker fra det Gamle Testamentets tider ga ofringer ved inngangen til møteteltet gjennom deres gjerninger. Men siden den hellige Ånd i dag har gjort våres hjerter til Hans tempel, oppholder seg der, og har samhold med oss, kan de av oss i det Nye Testamentets tider få rettigheten til å komme fremfor Gud i det Helligste av de Hellige.

2) Å legge Hånden på Hodet til det Brente Offeret for og Tilskrive Synden og Drepingen

I 3. Mosebok 1:4 og forover kan vi lese, "Og han skal legge hånden på offerdyrets hode. Da skal offeret bli vel mottatt og være til soning for ham. Så skal han slakte oksen for HERRENs åsyn." Å legge hånden på hodet til offerdyret symboliserer tilskrivelsen av ens synder til offerdyret, og bare da vil Gud gi tilgivelse av synden gjennom blodet av offerdyret.

Å legge hånden på det i tillegg til tilskrivelsen av synden, vil også uttrykke velsignelser og salvelse. Vi vet at Jesus la Hans hånd på en person når Han velsignet barn eller helbredet de syke fra sykdommer eller svakheter. Ved å legge en hånd på det, overrakte apostlene den Hellige Ånd til menneskene og det ble bare derfor en overflod av gaver. Å legge hånden på det gir også et tegn på at tingen ble gitt til Gud. Når en prest legger sin hånd på forskjellige ofringer vil dette vise at de har blitt gitt til Gud.

Benediksjonene på slutten av gudstjenestene eller et bønnemøte sammen med Herrens Bønner bestemt for Gud slik at Han gledelig kan motta disse gudstjenestene eller møtene. I 3. Mosebok 9:22-24 finner vi en scene hvor Øverste presten Aaron "løftet opp hans hender imot menneskene og velsignet dem" etter at han hadde gitt Gud synden og offerdyret ifølge måten Gud hadde bedt ham om. Etter at vi har holdt Guds Dag hellig og avsluttet gudstjenesten med en benediksjon, da vil Gud beskytte oss fra djevelen og Satan og også fristelsene og lidelsene, og Han vil tillate oss å nyte en overflod av velsignelser.

Hva betyr det for en mann å drepe en ung frisk okse og gi det som offerdyret? Akkurat som belønningen av synden er døden, drepte mennesket dyret på deres vegne. En ung okse som ikke har vært parret ennå er like nydelig som et uskyldig barn. Gud vil at hver person som gir et offerdyr skal gjøre det med samme hjerte som et uskyldig barn og aldri begå flere synder. Gud vil at hver person skal angre på hans synder og oppløse hans hjerte.

Apostelen Paulus viste godt hva Gud vill og det er derfor han "døde daglig", selv etter at han hadde mottat tilgivelse fra hans synder og fått myndigheten og makten som Guds barn. Han tilstod i 1. Korinterne 15:31, "Ja, mine søsken, jeg dør hver dag, det er like sant som jeg er stolt av dere i Kristus Jesus," fordi vi bare kan ofre våre kropper som et hellig og levende offer til Gud etter at vi har kastet vekk alt det som står opp imot Gud, som for eksempel et hjerte som er løgnaktig, arrogant, grådig, innfatninger som kommer ifra ens egne tanker, ens egne rettferdigheter, og alt annet som er ondt.

3) Presten Drysser Blod rundt Alteret

Etter at de har drept den unge oksen som har blitt tilskrivet personens synder, da vil presten drysse blodet rundt alteret ved inngangen av møteteltet. Dette er fordi blod symboliserer livet idet vi leser 3. Mosebok 17:11, "For en skapnings liv er i blodet, og jeg har gitt deres blod på alteret til soning for dere. Blodet soner fordi livet er i det." Av samme grunnen mistet Jesus Hans blod når Han frelste oss fra syndene.

"Rundt Alteret" betyr øst, vest, nord og sør, eller lettere sagt, 'hvorenn et menneske går.' Å dryppe blodet "rundt alteret" betyr at menneskenes synder har blitt tilgitt hvorenn de går. Det betyr at vi får tilgivelse fra syndene våre og blir ledet veien som Gud vil at vi skal gå, og vekk ifra den veien som vi overbevisende må unngå.

Det samme er tilfelle i dag. Alteret er prekestolen hvor Guds Ord blir forkynnet, og Herrens tjener som leder gudstjenesten spiller rollen som presten som drysser blodet. Ved gudstjenesten hører vi Guds Ord og gjennom troen og med makten av vår Herres blod, vil vi motta tilgivelse for alt det vi har gjort som er motsatt av Guds vilje. Så fort vi har blitt tilgitt våre synder gjennom blodet, må vi bare gå der hvor Gud vil vi skal gå og for å alltid holde oss vekk ifra synder.

4) Og Flå Offerdyret og Skjære det Opp i Biter

Et dyr som blir ofret som et brennende offer må først bli flådd og så fullstendig overveldet av flammer. Dyreskinn er seigt, vanskelig å fullstendig brenne opp, og når det brenner vil det lukte dårlig. Så for at offerdyret skal få en søt duft, må det først bli flådd. Med hvilke gudstjenester i dag denne prosedyren sammenlignbar?

Gud lukter aromaen fra personen som tilber Ham og Han aksepterer ikke noe som ikke har en god duft. For at en tilbedelse skal ha en behagelig duft overfor Gud, må vi "kaste vekk det utvendige som har blitt flekket av verden og komme foran Gud på en guddommelig og hellig måte." Gjennom hele vårt liv kommer vi over forskjellige deler av livet som ikke kan bli sett på som syndig overfor Gud, men som også er langt fra guddommelige eller hellige. Slike verdslige ting som var inne i oss før vi kom til Kristus, kan fremdeles være igjen, og storslagenhet, forfengelighet og skryting kan komme til syne.

Det er for eksempel noen mennesker som liker å gå til markedet eller varemagasiner for og 'kikke i vinduene', så de er hele tiden ute å handler. Andre hengir seg kanskje til TV eller videospill. Hvis vårt hjerte blir borte på grunn av slike ting, da vil vi vokse vekk ifra Guds kjærlighet. Hvis vi også undersøker oss selv, vil vi kunne finne usanne ting som har blitt flekket av verden og opptreden som er ufullstendig overfor Gud. For å kunne være perfekt overfor Gud, må vi bli kvitt alt dette. Når vi kommer for å tilbe Ham, må vi først angre på alle disse verdslige tingene og vårt hjerte må bli mer guddommelig og helligere.

Angringen av syndig, uren, og ufullstendig opptreden fra denne verden før en gudstjeneste er det samem som å flå et dyr før en ofrer det. For å kunne gjøre dette, må vi forberede våre hjerter til å bli gode ved å komme tidlig til gudstjenestene. Vær sikker på å ofre en bønn med takknemlighet til Gud for at Han tilga deg alle dine synder og for at Han har beskyttet deg, og be med angring idet du nøye kikker på deg selv.

Når mennesket ofret Gud dyr som hadde blitt flådd, oppskjært i biter, og stekt, da ga Gud dem i gjengjeld tilgivelse for deres overtredelser og synder, og lot prestene bruke den resterende dyrehuden til det de selv syntes best. Og "skjære opp i biter" refererer til det å skjære av dyrets hode og bein, siden og bakdelen, og ta ut dens involler.

Når vi serverer frukt som vannmeloner eller epler til de eldre, gir vi dem ikke hele frukten; vi skreller dem og gjør dem presentable. På samme måte brenner vi ikke hele offeret, men gir Gud offeret på en ordentlig og organisert måte.

Hvilken åndelig betydning har det og "skjære det opp i biter?"

Først er det forskjellige slags kategorier med tilbedeles som blir ofret til Gud. Det er søndagens morgen og kveldsgudstjenester, onsdagens kveldsgudstjenester, og fredagens nattgudstjenester. Adskillelsen av gudstjenestene er det samme som og "skjære ofringene opp i biter."

For det andre, er adskillelsen av innholdet av våre bønner det samme som og "skjære ofringene opp i biter." Generelt sagt er bønner delt opp i angring og det å drive vekk onde ånder, og etterfulgt av takknemlighets bønner. Deretter vil den flytte seg til kirkens emner; byggingen av Sanktuariumet; for prester og kirkemedlemmer; for å fullføre ens forpliktelse; for ens sjels utvikling; for ens hjertes ønsker og for avsluttelse av bønner.

Vi kan selvfølgelig be mens vi spaserer ned gaten, kjører, eller hviler oss. Vi kan ha samhold i stillhet mens vi tenker på og mediterer til Gud og vår Herre. Ha i tankene at utenom mediteringstiden, er det like viktig å ha tid for å gi bønne emnene en og en av gangen som det er å skjære opp offeret i biter. Gud vil

da med glede akseptere våre bønner og svare hurtig på dem.
Det tredje, "å skjære offeret opp i biter" betyr at Guds Ord
i sin helhet er delt opp i 66 Bøker. De 66 Bøkene i Bibelen
forklarer til sammen om den levende Gud og frelsens forsyn
gjennom Jesus Kristus. Og fremdeles er Guds Ord delt opp i
individuelle bøker, og Hans Ord i hver av bøkene er satt sammen
uten noen som helst forskjell mellom dem. Idet Guds Ord blir
delt opp i forskjellige kategorier, vil Guds vilje bli ledet mer
systematisk og det blir lettere for oss å lage brød ut av det.

For det fjerde, og dette er det viktigste av dem alle, "å skjære
offeret opp i biter" betyr at selve gudstjenesten er delt opp
i og laget av forskjellige deler. Bønner gjennom angring før
gudstjenesten er fulgt av den første delen, litt meditering som
forberedelse og som starter gudstjenesten, og gudstjenesten
vil avslutte med enten Herrens Bønner eller en benediksjon. I
midten ligger det ikke bare en proklamering av Guds Ord, men
her ligger også en forbønn, lovprisning, lesing av et sitat, ofring,
og andre deler. Hver del har sin egen betydning, og tilbedelse på
en spesiell ordre er det samme som å skjære opp offeret i biter.

Akkurat som brennelsen av alle delene fullbyrder ofringen
av offerdyret, må vi fullstendig gi oss selv i gudstjenesten fra
begynnelsen til slutten. De tilstedeværende burde ikke ankomme
sent eller stå opp og dra under gudstjenesten for å ta vare på
personlige ting med mindre det er absolutt helt nødvendig. Noen
mennesker har spesielle forpliktelser i kirken, som frivillig arbeid
eller være dørvakter, og i slike tilfeller er det lov å reise seg og
gå ut. Mennesker vil kanskej gjerne komme til tide på onsdag

kveldens eller fredagens natte gudstjenester, men blir tvunget til å komme for sent på grunn an deres arbeide eller andre uunngåelige omstendigheter. Men til og med her vil Gud se på hjertet deres og motta duften av deres tilbedelse.

5) Presten Setter Ilden på Alteret og Legger Ved på Ilden

Etter at offeret har blitt oppskjært i biter, må presten arrangere alle delene på alteret og sette fyr på dem. Det er på grunn av dette at presten blir bedt om og "setter ilden på alteret og legger ved på ilden." Her vil "ilden" åndelig mene flammen fra den Hellige Ånd og "veden på ilden" referer til sammenhengen og innholdet av Bibelen. Hvert eneste ord innenfor de 66 Bøkene i Bibelen skal bli brukt som ved. "Arrangeringen av veden på ilden" er i åndelig betydning, det å lage åndelig brød av hvert ord inne i Bibelen midt i den Hellige Ånds arbeide.

Jesus sier for eksempel i Lukas 13:33, "Det kan ikke ha seg at en profet skal forsvinne utenfor Jerusalem." Hvis en prøver å forstå dette verset bokstavelig talt, vil dette være forgjeves, fordi vi kjenner til mange av Guds folk, som for eksempel apostelen Paulus og Peter, som døde på "utsiden av Jerusalem." Men i dette verset, refererer ikke "Jerusalem" til den fysiske byen, men en by som bærer Guds hjerte og vilje, som er den "åndelige Jerusalem", og som i sin tur er "Guds Ord." Det kan derfor "ikke ha seg at en profet ville dø utenfor Jerusalem" betyr at en profet lever og dør innenfor Guds Ord.

Å kunne forstå det vi leser i Bibelen og budskapene fra forkynnelsene som vi hører i gudstjenestene kan bare bli gjort gjennom den Hellige Åndens inspirasjon. Alle delene av

Guds Ord som ligger utenom menneskets kunnskap, tanker, og spekulasjoner kan bli forstått gjennom inspirasjonen fra den Hellige Ånd og da kan vi tro på Guds Ord med hele vårt hjerte. Alt i alt vil vi bare utvikle oss åndelig når vi forstår Guds Ord gjennom arbeidet fra den Hellige Ånd og som resulterer i at Guds hjerte blir overført til oss og som vil slå rot i vårt hjerte.

6) Arrangering av Bitene, Hodet og Nyretalget over Veden som ligger på Ilden på Alteret

3. Mosebok 1:8 sier, "Aarons sønner, prestene, skal arrangere bitene, hodet og nyretalget over veden som ligger på bålet på alteret." For det brennende offeret, må presten arrangere bitene som har blitt skjært opp, og også hodet og nyretalget.

Brenningen av offerets hode betyr brenningen av alle de løgnaktige tankene som kommer fra vårt hode. Dette er fordi våre tanker kommer ifra hode og de fleste synder kommer også fra hode. Menneskene her i verden vil ikke fordømme noen som syndere hvis en ikke kan se hans synd gjennom gjerninger. Men akkurat som vi leser i 1. Johannes 3:15, "Alle som hater sin bror er en morder," kaller Gud skjuling av hat er i seg selv en synd.

Jesus frelste oss fra syndene for 2,000 år siden. Han har frelst oss fra syndene som vi ikke bare gjorde med våre hender og føtter, men også med våre tanker. Jesus ble spikret gjennom Hans hender og føtter for å frelse oss fra synder som vi hadde begått med våre hender og føtter, og Han bar kronen med torner for å frelse oss fra syndene som vi begikk gjennom våre tanker som kom ifra vårt hode. Siden vi allerede har blitt tilgitt våre synder som vi har gjort gjennom våre tanker, må vi ikke gi et dyrehode til Gud som et offer. I stedet for et dyrehode, må vi brenne våre tanker gjennom ilden fra den Hellige Ånd, og vi vil gjøre dette ved å kaste bort de løgnaktige tankene og bare hele tiden tenke på det sannferdige.

Når vi hele tiden holder ved sannheten, da vil vi ikke lenger holde på løgnene eller tomme tanker. Idet den Hellige Ånden hjelper menneskene med å bli kvitt de ubrukelige tankene, vil de kunne ofre Gud åndelig tilbedelse som Han vil akseptere når vi konsentrerer oss om budskapet og graverer det inn i våre hjerter under gudstjenestene.

Nyretalget, som er det harde fettet til dyret, er også energiens kilde og selve livet. Jesus ble et offer i den grad hvor Han mistet alt Hans blod og vann. Når vi tror på Jesus som vår Herre, vil vi ikke lenger behøve å ofre nyretalget av dyret til Gud.

Men det og "tro på Herren" kan ikke bare bli fullført ved å si det muntlig, "jeg tror." Hvis vi virkelig tror på at Herren har reddet oss fra våre synder, da må vi kaste bort synden, bli omgjort av Guds Ord, og lede hellige liv. Selv gjennom tilbedelse, må vi bringe all vår energi – vår kropp, hjerte, vilje, og vår høyeste anstrengelse - og ofre Gud åndelig gudstjeneste. En person som gjør alt for å be, vil ikke bare oppbevare Guds Ord i sitt hode, men vil også fullføre det i hans hjerte. Bare når Guds Ord blir fullført i ens hjerte, kan det bli til liv, styrke, og velsignelser gjennom ånden og kjøttet.

7) Presten Vasker Innvollene og Beina med Vann, og Gir Alt Offeret gjennom Røyken på Alteret

Mens andre deler blir ofret akkurat som de er, ber Gud om at innvollene og beine, urene deler av dyret, bli vasket med vann før det blir ofret. "Å vaske med vann" refererer til vasking av urenheten til personen som gir offeret. Hvilke urenheter skal vaskes? Mens mennesker fra det Gamle Testamentets tider renset urenheten fra ofringen, må menneskene i de Nye Testamentets tider vaske urenheten fra hjertet deres.

I Matteus 15 kan vi finne en scene hvor Fariseerne og skribenterne irettesetter Jesus disipler fordi de spiste med skitne hender. Jesus sa til dem, "Det er ikke det som du spiser som forurenser mennesket, men det er det som kommer ut av munnen som forurenser ham" (v. 11). Resultatet av det som går inn i munnen ender når det kommer tilbake ut igjen; men det som kommer ut ifra munnen kommer fra hjertet og vil ha en varig påvirkning. Idet Jesus fortsetter i Verset 19-20, "For ut av hjertet kommer onde tanker, mordere, utroskap, hor, stjeling, falske vitner og ærekrenkelse. Det er disse tingene som forurenser mennesket; men det å spise med skitne hender vil ikke forurense mennesket," må vi rense synden og ondskapen fra hjertet gjennom Guds Ord.

Jo mer av Guds Ord som har kommet inn i vårt hjerte, jo mer synd og ondskap vil bli eliminert og renset fra oss. Hvis en person for eksempel lager brød ut av kjærlighet og lever etter det, da vil det ikke bli mer hat igjen. Hvis en person lager brød ut av underdanighet, da vil dette erstatte arroganse. Hvis en person lager brød ut av sannheten, da vil falskhet og bedrageri forsvinne. Jo mer en lager brød ut av sannheten og lever etter det, jo mer syndig natur vil han kunne kaste bort. Hans tro vil naturlig vokse jevnt og nå målingen av veksten som tilhører den fullstendige Kristus. Guds makt og myndighet vil være med ham i henhold til hvor mye tro han har. Han vil ikke bare motta hans hjertes ønsker, men han vil også erfare velsignelser i hver eneste ting i hans liv.

Bare etter at innvollene og beina har blitt vasket, og de alle har blitt plassert på ilden vil di gi fra seg en beroligende aroma. 3. Mosebok 1:9 forklarer dette som "et offer ved ilden av en beroligende aroma til HERREN." Når vi gir Gud åndelig gudstjeneste gjennom ånden og sannheten i følge Hans Ord gjennom offerdyrene, vil denne tilbedelsen bli offeret ved ilden som Gud er tilfredstilt med og som kan bringe oss Hans svar. Vårt tilbedende hjerte vil bli til en lindrende aroma overfor Gud, og hvis Han er tilfredstilt, vil Han gi oss rikdommer på alle områder i vårt liv.

5. Ofringer av Sauer eller Geiter (Tredje Mosebok 1:10-13)

1) En Ung Gutte Sau eller Geit uten Skader

Overensstemmende med å ofre en okse, må ofringen være en ung gutt uten skader, samme om det er en sau eller en geit. I åndelig betegnelser, er det å gi uklanderlige ofringer referert til som å tilbe Gud med et perfekt hjerte som er markert av lykke og takknemlighet. Guds befaling om at et gutte dyr skal bli ofret, referere til det og "tilbe med et besluttsomt hjerte uten noen som helst vakling." Mens ofringen kan være forskjellig avhengig av hver persons økonomiske omstendigheter, må holdningen til personen som gir ofringen alltid være hellig og perfekt samme hva de ofrer.

2) Ofringen Må Drepes på Nordsiden av Alteret, og Presten vil Drysse dens Blod Rundt på de Fire Sidene av Alteret

Akkurat som tilfelle med ofringen av oksene, vil grunnen til det å drysse blod rundt på alterets sider bli å tilgi syndene som en begår over alt-til øst, vest, nord og sør. Gud tillot soning gjennom blodet fra dyret som ble ofret til Ham istedenfor blodet ifra mennesket.

Hvorfor ba Gud om at ofringen skulle bli drept på nordsiden av alteret? "Nordpå" eller "nordsiden" symboliserer åndelig kaldhet og mørket; dette er en betegnelse som ofte blir brukt for å referere til noe som Gud oppdrar eller irettesetter og for noe som Han ikke er tilfreds med.

I Jeremias 1:14-15 kan vi lese,

Fra nord skal ulykken slippes løs over alle som bor i landet. For se, Jeg kaller på alle folk i kongerikene i nord, sier HERREN. De skal komme og reise hver sin trone like foran Jerusalems porter, mot alle murene omkring og mot alle byene i Judea."

I Jeremias 4:6 sier Gud til oss, "Berg dere, bli ikke stående! For Jeg sender en ulykke fra nord, en veldig ødeleggelse." Akkurat som vi ser i Bibelen, "nordpå" betyr Guds oppdragelse og irettsettelse, og på grunn av dette vil dyret som har blitt tilskrevet alle syndene til menneskene bli drept "på nordsiden," et forbannelses symbol.

3) Ofringen Blir Skjært Opp i Biter med Dens Hode og Fett Arrangert på Toppen av Veden; Innvoldene og Beina Blir vasket med Vann; og Alt Blir Ofret Røykende på Alteret

På samme måte som offerdyret oksen, kan også et brennede offer av en sau eller en geit også bli gitt til Gud for å kunne motta tilgivelse av syndene som vi begikk i hodene våres, med hendene og med føttene. Det Gamle Testamentet er akkurat som en skygge og det Nye Testamentet er akkurat som en form. Gud vil at vi ikke bare skal motta tilgivelse av syndene basert på arbeidene, men ved å omskjære våre hjerter og leve ifølge Hans Ord. Dette er for å kunne ofre Gud åndelige gudstjenester gjennom hele vår kropp, hjerte, og vilje, og for å lage brød av Guds Ord gjennom inspirasjonen fra den Hellige Ånd for å kunne bli kvitt usannhetene og leve ifølge sannheten.

6. Ofringer av Fugler (Tredje Mosebok 1:14-17)

1) En Turteldue eller en Ung Due

Duer er de mest ydmykende og smarteste av alle fugler, og adlyder mennesker. Siden kjøttet deres er mørt og duer vil generelt sagt ofre mennesker mange fordeler, befalte Gud at turtelduer eller unge duer skulle bli ofret. Blant duene ville Gud at unge duer skulle bli ofret fordi Han gjerne ville motta rene og ydmykende ofringer. Disse egenskapene til de unge duene symboliserer ydmykheten og underdanigheten til Jesus som ble et offer.

2) Presten Bringer Ofringen til Alteret, Vrir Av Dens Hode, River Den ved Vingene Uten og Atskille det; Presten Ofrer Det Gjennom Røyk på Alteret, med Dens Blod Dryppende Ut Av Siden på Alteret

Siden unge duer er veldig små i størrelse, kan de ikke bli drept og så skjært i biter, og bare en liten del av dens blod kan bli tapt. På grunn av dette, i motsetning til andre dyr som blir drept på nordsiden av alteret, blir dens hode vridd mens dens blod drypper fra den; denne delen vil også inkludere det å legge hånden på hodet av duen. Mens offerdyrets blod må bli drysset rundt alteret, vil sonings ceremonien bare finne sted ved tapelsen av blodet på siden av alteret på grunn av det lille blodet som duene har.

Og på grunn av dens lille kropp vil en due bli ugjenkjennelig hvis den blir skjært opp i biter. Så dette er grunnen til at det bare virker som om en river vingene av duene, men de blir ikke fullstendig separert fra kroppen. For fugler er deres vinger selve livet deres. Det faktum at vingene til en due blir revet symboliserer at mennesket har fullstendig overgitt seg selv overfor Gud og til og med gitt sitt liv til Ham.

3) Offerets Avling sammen med Dens Fjær som Blir Kastet ned ved siden av Østsiden på Alteret til Stedet med Asken

Før en legger offerfuglen på ilden, blir fuglens avling sammen med dens fjær fjernet. Mens innvoldene fra okser, lam, og geiter ikke blir kastet vekk, men blir brent etter at de har blitt vasket med vann, har Gud tillat at en kaster duens smale avling og innvolder. Gjerningen med å kaste duens avling sammen med dens fjær, som ved rensing av de urene delene til oksene og lammene, symboliserer rensingen av våre urene hjerter og fortidens syndige gjerninger og ondskap ved å tilbe Gud gjennom ånden og sannheten.

En fugls avling sammen med dens fjær må bli kastet på østsiden av alteret til plassen med asken. Vi leser i 1. Mosebok 2:8 at Gud "plantet en have imot øst, i Eden." Den åndleige meningen med "øst" er et sted som har blitt omringet av lys. Selv på den Jorden som vi lever, er øst retningen som solen kommer opp i, og så fort solen har stått opp, forsvinner mørket fra natten.

Hvilken betydelighet har det å kaste bort duens avling sammen med dens fjær ved siden av alterets østside?

Dette symboliserer at vi kommer frem til Herren, Han som er Lyset, etter at vi har kastet bort syndige urenheter og ondskap ved å gi brennende ofringer til Gud. Akkurat som vi leser i Efeserne 5:13, "Alle tingene blir synlige når lyset kommer på dem, for alt som blir synlig er lyset," vil vi kaste bort synden og ondskapens urenhet som vi har funnet og blir Guds barn ved å komme til Lyset. Og kaste ofringenes urenhet mot øst vil derfor åndelig bety hvordan vi som har levet midt blant de åndelige urenhetene—synder og ondskap, vil kaste bort synden og bli Guds barn.

Gjennom ofringene med okser, lam, geiter, og fugler, kan vi nå forstå Guds kjærlighet og rettferdighet. Gud ba om brente ofringer fordi Han ville at isralittene skulle leve hvert sekund av deres liv i et direkte og fortrolig samhold med Ham ved og alltid gi Ham brennende ofringer, Når du husker dette, håper jeg at du vil tilbe gjennom ånden og sannheten, og ikke bare holde Herrens Dag hellig, men også ofre en lindrende duft fra ditt hjerte til Gud alle 365 dagene i året. Da vil vår Gud som har lovet oss, "Fryd deg over HERREN; og Han vil da gi deg alt det ditt hjerte ønsker" (Salmenes bok 37:4), vil overøse oss rikdommer og vidunderlige velsignelser samme hvor vi går.

4. Kapittel

—— ∽∾ ——

Ofringen av Havre

"Når noen vil bære fram et grødeoffer for Herren, skal Hans offergave være hvetemel. Han skal helle ojle på melet, legge røkelse på det og komme med det til Aarons sønner, prestene."

Tredje Mosebok 2:1

1. Meningen med Ofringen av Havre

3. Mosebok 2 forteller om havre ofringer og hvordan det skal bli ofret til Gud slik at det kan bli et levende og hellig offer som Han kan v're tilfreds med.

Når vi leser i 3. Mosebok 2:1, "Når noen nå ofrer havre som et offer til HERREN, skal Hans offer være fint hvetemel," et havreoffer er et offer som har blitt gitt til Gud med fint kvernet mel. Det er et takknemlighets offer til Gud som har gitt oss livet og som gir oss det daglige brøfet. I dagens betegnelser vil dette vise takkeofringer under søndagens gudstjeneste som blir gitt til Gud fordi Han beskyttet oss forrige uke.

I ofringene som blir gitt til Gud, blir det forlangt at de ofrer slike dyr som okser eller lam som et syndeoffer. Dette er fordi tilgivelsen av våre synder gjennom det å la dyrene tape alt blodet vil forsikre gaven av våre bønner og forbønner til den Hellige Gud. Men et havreoffer er et takkeoffer som ikke generelt trenger tapet av blodet, og som blir gitt sammen med et brent offer. Mennesker ga Gud deres første avling og andre gode ting fra havren som de høstet og som ble til et havreoffer til Ham siden Han ga dem frøene som de kunne så, ga dem mat, og beskyttet dem helt til det var tid til innhøsting.

Mel ble vanligvis ofret som et kornofring. Fint mel, bakt brød, og tidlige modne og friske korn ble brukt, og alle ofringene ble krydret med olje og salt, og røkelse ble også lagt i. Så ble en håndfull med ofring lagt opp i røyk for å tilfredstille Gud med dens duft.

Vi leser i 2. Mosebok 40:29, "Han satte brennofferalteret ved inngangen til den hellige boligen, møetteltet, og ofret brennoffer og grødeoffer på det, slik som Herren hadde befalt Moses." Gud befalte at når de ga Ham et brent offer, at de også måtte samtidig gi Ham en kornofring. Så vi vil bare ha gitt Gud en fullstendig åndelig gudstjeneste når vi gir Han takkeofringer ved søndagens gudstjenester.

Etymologien av en "kornofring" er "offer" og "gave." Gud vil ikke at vi skal gå til forskjellige gudstjenester uten noe i hendene, men vil gjerne at vi skal demonstrere våre hjertes gjerninger gjennom takknemlighet ved å gi Ham takkeofringer. På grunn av dette vil Han fortelle oss i 1. Tessalonikerne 5:18, "Vær alltid takknemlig, for dette er Guds vilje i Jesus Kristus," og i Matteus 6:21, "For der hvor din skatt er vil også ditt hjerte være."

Hvorfor må vi være takknemlige for alt og ofre Gud kornofringer? Først og fremst hadde alle mennesker vært på vei til ødeleggelse takket være Adams ulydighet, men Gud ga oss Jesus som forsoning for våre synder. Jesus har reddet oss fra synden og gjennom Ham har vi fått det evige livet. Siden Gud som har skapt alt i universet og mennesket nå er vår Far, kan vi nyte myndighet som Guds barn. Han har tillatt oss å komme til den evige Himmelen, så hvordan kunne det bli en annen vei for oss enn å være takknemlig for Ham.

Gud gir oss også solen og styrer regnet, vinden, og klimaet som vi nyter slik at vi kan høste inn massevis av avlinger og som også gir oss vårt daglige brød. Vi må være takknemlig overfor

Ham. Det er også Gud som beskytter hver og en av oss fra denne verden hvor synden, urettferdigheten, sykdommene, og ulykkene skjer i overflod. Han vil svare på våre bønner som har blitt ofret gjennom troen og Han vil alltid velsigne oss slik at vi kan lede et triumferende liv. Så hvordan er det så mulig for oss å ikke være takknemlige overfor Ham!

2. Ofringer i Havre Ofringen

I 3. Mosebok 2:1 sier Gud, "Når noen nå ofrer havre som et offer til HERREN, skal Hans offer være fint hvetemel, og han skal helle olje og røkelse på det." Korn som blir ofret til Gud som kornofring må bli fint kvernet. Guds befaling om at kornofferet skal være "fint" indikerer hva slags hjerte en må ha når en gir Ham ofringer. For å lage fint kvernet mel ut av korn, vil kornet gjennomgå flere prosesser medberegnet skrelling, kverning og sikting. Hver og en av disse krever mye anstrengelse og pleie. Fargen av maten som blir laget av det fine melet har et fantastisk utseende og det smaker også mye bedre.

Den åndelige betydningen bak Guds befaling om at kronofferet skal "komme fra fint mel" betyr at Gud vil akseptere ofringene som blir laget med den beste pleie og gjennom lykke. Han vil gledelig akseptere det når vi demonstrerer takknemligheten gjennom gjerningene fra hjertet, og ikke når vi bare takker muntlig. Så når vi gir tiendedeler med takkeofringer, må vi være sikker på at vi gjør det med hele vårt hjerte slik at Gud gledelig vil akseptere dem.

Gud hersker over alle ting og Han befaler mennesket om å gi Ham ofringer, men dette er ikke fordi Han mangler noe. Han har makten til å øke rikdommen til hver og en av oss og ta vekk alles eiendeler. Grunnen til at Gud gjerne vil motta ofringer ifra oss er fordi Han gjerne vil velsigne oss med mye større og mange flere ting gjennom ofringene som vi gir til Ham gjennom troen og gjennom kjærligheten.

Akkurat som vi finner i 2. Korinterne 9:6, "Han som bare sår litt, vil også bare ha litt å innhøste, og han som sår masse vil også innhøste masse," vil det å innhøste hva vi har sådd være en lov i det åndelige riket. Slik at Han kan velsigne oss med mye mer overflod, vil Gud fortelle oss hvordan vi skal gi Ham takkeofringer.

Når vi tror på dette faktum og deretter gir ofringer, må vi naturlig gi med hele vårt hjerte, akkurat som vi ville gi Gud ofringer av fint mel, og vi må også gi Ham de beste ofringene som er uklanderlige og rene.

"Fint mel" tyder også på Jesus natur og liv, som begge i seg selv er perfekte. Det vil også lære oss at i det vi veldig forsiktig lager fint mel, må vi leve liv med hardt arbeide og lydighet.

Når vi gir kornofringer med mel ifra kornene, etter at vi har blandet det sammen med olje og bakt det i ovnen eller helt det ut på en stekeplate som en pannekake, eller i en gryte for å bake det, da vil mennesker ofre det med røkelse på alteret. Det faktum at kornofringer ble ofret på forskjellige måter vil tyde på at måten som mennesker forsørget seg og grunnen til takknemligheten var alle forskjellige

I tillegg til at vi gir takkebønner på søndagene, vil vi med andre ord også være takknemlige for at vi har mottat veldignelser eller svar på vårt hejrtes ønsker; har overvunnet fristelsene og prøvelsene gjennom troen; og liknende ting. Men akkurat som Gud ber oss om å gjøre "vær alltid takknemlig," må vi søke etter grunner å være takknemlige for og så gi takk deretter. Bare da vil Gud akseptere duften fra våres hjerter og være sikker på at det finnes mange grunner for oss i vårt liv å være takknemlige for.

3. Å Ofre Havre

1) Kornofring av Fint Mel sammen med Olje og Røkelse

Å helle olje på det fine melet vil la melet bli til en deig og så bli til godt brød, mens det å putte røkelse på brødet vil øke hele ofringens kvalitet og utseende. Når dette blir bragt til en prest, vil han ta en håndfull av dette fine melet og dens olje med all dens røkelse, og ofre det i ilden på alteret. Det er slik en mild duft kommer til.

Hvilken betydelighet har det å helle olje på melet?

"Olje" vil her referere til fettet fra dyrene eller kvaeolje som har blitt presset ut fra plantene. Blanding av fint mel med "olje" indikerer at vi må gi all vår energi - hele vårt liv - når vi gir ofringer til Gud. Når vi tilber Gud eller gir ofringer til Ham, da vil Gud gi oss inspirasjonen og fullheten fra den Hellige Ånd og tillate oss å lede liv hvor vi har et direkte og fortrolig samhold med Ham. Helling av olje symboliserer at når vi gir hva som helst til Gud, må vi gi det til Ham med hele vårt hjerte.

Hva betyr det å legge røkelse på ofringen? Vi leser i Romerne 5:7, "Selv for et rettskaffent menneske vil vel noen neppe gå i døden. Eller kanskje ville noen gjøre det for en som er god." Men ifølge Guds vilje døde Jesus for oss, vi som verken er rettferdige eller gode, men syndige. Hvor mild en duft ville ikke Jesus kjærlighet ha vært overfor Gud? Det er slik Jesus ødelagte dødens myndighet, oppstod, satt på høyre siden av Gud, ble kongenes Konge, og ble en virkelig uvurderlig duft til Gud.

Efeserne 5:2 anbefaler oss om og "spaserer gjennom kjærligheten, akkurat som Kristus også elsket deg og ofret seg selv for oss som en offergave, en velluktende duft ifra Gud." Når Jesus ble ofret til Gud som et offer, ble Han akkurat som et offer med røkelse. Så idet vi har mottat Guds kjærlighet, må vi også ofre oss selv som en duftende og mild aroma, akkurat som Jesus hadde gjort det.

"Å putte røkelse på fint mel" betyr at akkurat som Jesus opphøyet Gud med en duftende aroma gjennom Hans natur og gjerninger, må vi leve ifølge Guds Ord med hele vårt hjerte og opphøye Ham ved å emanere Kristus aroma. Bare når vi ofrer takkeofringer til Gud mens vi emanerer duften fra Kristus vil våre ofringer bli kornofringer som er verdig Guds godkjennelse.

2) Ikke noe Syre eller Honning blir Tilføyet

3. Mosebok 2:11 sier, "Et grødeoffer som dere vil bære frem for Herren, må ikke lages til med noe som er syret. For verken surdeig eller honning må dere brenne som ildoffer for Herren." Gud befalte at de ikke skulle tilføye noe syre til brødet som blir

ofret til Gud siden syre vil fermentere deig som har blitt laget av mel, åndelig "syre" vil også forderve og ødelegge ofringen. Den ufroandrende og perfekte Gud vil gjerne at våre ofringer skal bli ufordervet og bli ofret til Ham som fint mel - og fra hele vårt hjerte. Så når vi gir ofringer må vi gi med et uforandret, rent, og ekte hjerte, og gjennom takknemlighet, kjærlighet og tro overfor Gud.

Når vi gir ofringer, er det noen mennesker som vil tenke på hvordan andre ser dem og vil gi på grunn av formaliteten Andre vil gi med et hjerte som er fylt av sorg og bekymringer. Men akkurat som Jesus advarte oss om syren til fariseerne som er hykleri, vil vårt hjerte bli akkurat som kornofring som er flekket av syre og som ikke har noe med Gud å gjøre hvis vi gir mens vi later som om vi er hellige bare på utsiden og søker etter andres anerkjennelse.

Vi må derfor gi uten noe syre og fra hele vårt hjerte gjennom kjærligheten og takknemligheten vi har overfor Gud. Vi burde ikke gi motvillig eller midt i sorg og bekymringer og uten tro. Vi må gi overflodig med en sterk tro på Gud som vil akseptere våre ofringer og velsigne oss gjennom ånden og i kjøttet. For å vise oss den åndelige meningen, ba Gud om at ikke noen ofring skulle bli laget med syre.

Men det finnes tider hvor Gud tillater oss å gi Ham ofringer som har blitt laget med syre. Disse ofringene blir ikke satt på røken, men presten vifter de frem og tilbake over alteret for å vise offergaven til Gud, og vil bringe den tilbake til menneskene slik at de kan dele dem og spise dem. Dette er kalt en "vifteofring", som i ulikhet med kornofring, var tillatt å tilsette syre når prosedyren ble forandret på.

Troende mennesker vil for eksempel ikke bare gå til gudstjenester på søndagene, men de vil gå til alle de andre gudstjenestene også. Når mennesker som har en svak tro går på søndagsgudstjenestene, men ikke fredagens nattverd eller onsdagens kveldsgudstjenester, da vil ikke gud se på deres gjerninger som syndige. Når det gjelder prosedyrer kan gudstjenester med gruppe medlemmer eller hjemme hos kirkemedlemmer bli justert avhengig av omstendighetene, selv om også de følger en viss struktur som inneholder et budskap, bønn, og lovprisning, mens søndagens gudstjeneste vil følge en streng ordre. Mens en holder fast ved de grunnleggende og mest nødvendige reglene, er det faktum at Gud tillater litt fleksibilitet avhengig av deres omstendigheter eller hvor mye tro de har, en åndelig betydning av det å gi ofringer laget med syre.

Hvorfor tillot ikke Gud at de tilsatte honning?

Akkurat som syren, kan også honning forderve det fine melet. Honning refererer her til søt syrup som kommer fra saften av dadler i Palestina, og den kan lett fermentere seg og råtne. På grunn av dette forbød Gud korrupsjonen av melets integritet ved tilsettelse av honning. Han forteller oss også at når Guds barn tilber eller gir Ham ofringer, må dette komme fra et perfekt hjerte som ikke forandrer seg eller bedrar.

Mennesker vi kanskje tro at det å tilsette honning vil gjøre ofringen bedre. Samme hvordan ting ser ut overfor mennesket, er Gud tilfredstilt med å motta det Ha har bedt om og det som mennesket har svoret at de vil gi Ham. Noen mennesker vil tidlig avlegge et løfte om å gi noe spesielt til Gud, men når omstendighetene forandrer seg vil de forandre meningene deres på egen hånd og gi noe annet. Men Gud vil fremdeles hate det når menneskene forandrer meningene deres omkring noe som Gud har bedt dem om, eller forandre meningene deres angående noe som de har fått personlig gagn for når den Hellige Ånds arbeide blir involvert. Så hvis en person derfor har lovet å ofre et dyr, burde han ofre det til Gud akkurat som det ble skrevet i 3. Mosebok 27:9-10, som sier, "Gjelder løfte slike dyr som kan ofres til Herren, skal alt en gir av dem, være hellig. En må ikke bytte det eller gi et annet dyr istedenfor, verken et godt dyr for et dårlig eller et dårlig for et godt. Bytter en likevel et dyr med et annet, skal de begge regnes for hellige."

Gud vil at vi ikke bare skal ha et rent hjerte når vi gir Ham ofringer, men også til alle andre tider. Hvis det finnes vaklinger eller bedrageri i en persons hjerte, vil gjerninger som er uakseptable overfor Gud bli vist på grunn av slike egenskaper.

Kong Saulus var for eksempel likegyldig med Guds befalinger, og forandret dem etter hans egen smak. Som følge av dette adlød han ikke Gud. Gud hadde bedt Saulus om å drepe Amaleks konge, alle menneskene, og alle dyrene. Men etter at han vant krigen ved hjelp av Guds makt, fulgte Saulus ikke Guds befalinger. Han sparte og tok med seg tilbake Amaleks konge Agag og de beste dyrene. Selv etter at han ble irettsatt, angret ikke Saulus, men forble bare ulydig, og på slutten ble han forlatt av Gud.

4. Mosebok 23:19 forteller oss, "Gud er ikke et menneske som lyver, et menneske som skifter sinn. Gjør Han ikke det Han sier, holder Han ikke det Han lover." For at vi kan bli en fryd overfor Gud, må vårt hjerte først bli gjort til et rent hjerte. Samme hvor god noe kan virke overfor mennesket og hans måte og tenke på, må vi aldri gjøre det som Gud har nektet oss og gjøre, og må derfor aldri forandre oss selv etter lang tid. Når mennesker adlyder Guds vilje gjennom et rent hjerte og uten et endrende hjerte, da er Gud fornøyd. Han aksepterer hans ofringer og velsigner ham.

3. Mosebok 2:12 sier, "Når dere tar offergaven av den første grøden, kan dere bære fram dettefor Herren; men på alteret må det ikke komme, til en duft som behager Ham." En ofring må være en duftende aroma som Gud gledelig vil akseptere. Her forteller Gud oss at kornofringer må bli plassert på alteret bare fordi en må ofre det på røken og for å kunne få den til å emanere en aroma. Grunnen til at vi gir en kornofring er ikke for selve gjerningen, men for å ofre til Gud en duft ifra vårt hjerte.

Samme hvor mange gode ting som blir ofret, hvis det ikke er ofret med et hjerte som Gud vil være tilfredstilt med, vil det kanskje ha en duftende aroma til mennesket, men ikke til Gud. Dette er i likhet med hvordan barns gaver til deres foreldre som blir gitt med et hjerte fult av takknemlighet og kjærlighet bare for fordi de fødte dem og oppdro dem med kjærlighet, ikke bare på grunn av formalitet, vil være en virkelig lykke for foreldrene. På samme måte, vil ikke Gud at vi hele tiden skal gi og forsikre oss selv, "Jeg har gjort det jeg burde gjøre," men bare emanere duften fra vårt hjerte som er fylt med tro, håp, og kjærlighet.

3) Og Krydre med Salt

Vi leser i 3. Mosebok 2:13, "Alle grødeoffer skal du salte. Du må aldri la det mangle salt i ditt grødeoffer, for salt hører med til pakten med din Gud. Derfor skal du bære fram salt til alle ofrene dine." Salt smelter inn i og hindrer mat med å bli dårlig og gir maten en smak ved å krydre det.

"Å krydre med salt" innebærer åndelig "å holde fred." Akkurat som saltet ville smelte for at maten skal bli krydret, vil det å spille rollen av saltet hvor vi kan holde freden kreve ofringen med vår egen død. Gud ber derfor om at kornofring krydret med salt betyr at vi må gi ofringer til Gud ved å ofre oss selv for å holde fred.

Helt til slutten må vi akseptere Jesus Kristus og leve i fred med Gud ved å slåss til vi mister blodet for så å kaste vekk syndene, ondskapen, lystene, og det gamle jeg.

Anta at noen med vilje begår synder, som Gud ser på som avskyelig og så gir en ofring til Gud uten å angre på hans synder. Gud kan ikke med glede akseptere ofringen fordi freden mellom personen og Gud har allerede blitt ødelagt. Det er derfor salmedikteren skrev, "Hvis jeg holder på ondskapen i mitt hjerte, da vil HERREN ikke høre meg" (Salmenes bok 66:18). Gud vil med glede ikke bare akseptere våre bønner men også våre ofringer bare etter at vi har gått vekk ifra synden, holdt fred med Ham, og gitt Ham ofringene.

Å holde fred med Gud krever at hver eneste person ofrer seg selv for døden. Akkurat som apostelen Paulus tilstod, "jeg dør daglig," er bare når en person nekter seg selv og ofrer seg selv, kan han oppnå fred med Gud.

Vi må også leve i fred med våre brødre og søstre gjennom troen. Jesus forteller oss i Matteus 5:23-24, "Om du bærer din offergave fram til alteret og der kommer til å tenke på at din bror har noe imot deg, så la gaven din ligge foran alteret og gå først og bli forlikt med din bror. Så kan du komme og bære fram offergaven din!" Gud vil ikke akseptere vårt offer med glede hvis vi synder, er onde og torturerer våre brødre og søstre gjennom Kristus.

Selv om en bror har vært onde imot oss, må vi ikke hate eller surmule mot ham, men vi må tilgi og leve i fred med ham. Samme hva grunnen er, kan vi ikke ha uenighet og krangle med, eller skade og få våre brødre og søstre til å snuble gjennom Kristus. Bare etter at vi har blitt venner med alle mennesker og vårt hjerte blir fylt med den Hellige Ånd, glede, og takknemlighet, vil våre ofringer blitt 'krydret med salt.'

Og i Guds befaling "Krydret med salt" er selve meningen med pakten, som vi finner i "saltet til din Guds pakt." Salt blir tatt ifra havvannet og vannet uttrykker Guds Ord. Akkurat som salt gir en saltaktig smak, vil heller ikke Guds Ord i pakten forandre seg.

"Og krydre offeret med salt" betyr at vi må stole på den

uforandrende pakten til den trofaste Gud og gi med det fullstendige hjertet. Ved å gi takkeofringer, må vi tro på at Gud vil sikkert erstatte det vi gir Ham, og velsigne oss med 30, 60 og 100 ganger så mye som vi ga Ham.

Noen mennesker sier, "Jeg gir ikke gjennom forventning av velsignelser, men bare fordi jeg vil." Men Gud er fremdeles mer tilfreds med troen til en person som ydmykende søker etter Hans velsignelser. Hebreerne 11 forteller oss at når Moses ga slipp på plassen som Egypt prins, "kikket han etter belønningen" som Gud skulle gi ham. Vår Jesus, som også kikket etter belønningen, hadde ikke noe imot korsets fornedrelse. Ved å se på hva som ville komme senere - æren som Gud ville gi Ham og frelsen av menneskene - kunne Jesus lett holde ut den grusomme straffen ve då henge på korset.

Og det at en "leter etter ens belønning" er fullstendig annerledes enn de andres beregnende hjerter som forventer å motta noe tilbake fordi de allerede har gitt noe. Selv om det ikke finnes noen belønning, vil en person gjennom hans kjærlighet overfor Gud bli forberedt på å gi sitt eget liv. Men å forstå vår Fader Guds hjerte som gjerne vil velsigne ham og tro på Guds makt når menneske søker etter velsignelser, vil hans gjerninger bare tilfredstille Gud mer. Gud har lovet at mennesket vil innhøste alt det han har sådd, og at Han vil gi til dem som søker. Gud er tilfreds med våre ofringer gjennom troen på Hans Ord, så godt som troen hvor vi spør etter Hans velsignelser ifølge Hans løfte.

4) Restene av Kornofringen tilhører Aaron og Hans Sønner

Mens hele brennofferet ble ofret i røken på alteret, ble kornofringen gitt til en prest og bare en del av den ble ofret til Gud gjennom røken og på alteret. Dette betyr at selv om vi skal gi alt til Gud gjennom forskjellige gudstjenester, takkeofringer – blir kornofringer gitt til Gud slik at de kan bli brukt for Guds kongerike og rettferdigheten, og deres del skal bli brukt for prestene, som i dag er Herrens og tjenere og som arbeider inne i kirken. Akkurat som Galaterne forteller oss, "Den som blir lært ordet skal dele alle gode ting med han som underviser ham," når kirkemedlemmene som har mottat Guds nåde gir takkeofringer, da vil Guds tjenere som forkynner om Ordet dele takkeofringene.

Kornofringene blir gitt til Gud sammen med brent ofringene, og vil tjene som et av livets tjenestemodeller som selve Kristus har ledet. Vi må derfor gi ofringer gjennom troen med hele vårt hjerte og i den høyeste utstrekning. Jeg håper at hver eneste leser vil tilbe på en måte som er riktig overfor Guds vilje og motta massevis av velsignelser hver eneste dag ved å gi Gud duftende ofringer som Han er veldig tilfreds med.

5. Kapittel

— ✾ —

Fred's Offer

"Vil noen bære fram et måltidsoffer, og han tar det av storfeet, skal det være et lyteløst dyrhan fører fram for Herrens åsyn, enten okse eller ku."

Tredje Mosebok 3:1

1. Betydningen av Freds Ofring

Det har blitt skrevet ned i 3. Mosebok 3 lovene angående fredsoffering. En fredsoffering involverer drap av et friskt dyr, drysse dens blod rundt omkring på sidene av alteret, og ofre dens fett på røkelsen på alteret og gi det til Gud som en duftende aroma. Selv om prosedyrene for fredsofringer er i likhet med de til de brente ofringene, finnes det mange forskjeller. Noen mennesker misforstår grunnen til fredsofringen og tenker på den som en måte å motta tilgivelse av synder; hovedgrunnen til ofringer på grunn av skyldfølelse og syndeofringer er for å få tilgivelse av synder.

En fredsoffring er et offer som egentlig skal gi fred mellom Gud og oss, og sammen med dette vil mennesker uttrykke takknemlighet, gi Gud løfter, og gi ting til Gud frivillig. Ofret separat av mennesker som har blitt tilgitt deres synder gjennom syndeofringer og brent ofringer og som nå har direkte og fortrolig samhold med Gud, er grunnen til fredsofringer å holde fred med Gud slik at de kan helhjertet stole på Gud på hvert eneste område av livene deres.

Mens kornofringene som ble fremhevet i 3. Mosebok 2 blir sett på som et takkeoffer, er det en tradisjonell taknemlighetsofring som blir gitt på grunn av takknemlighet for Gud som har reddet, beskyttet, og gitt oss vårt daglige brød og er forskjellig fra dens fredsofring og takknemlighetsofring. I tillegg til takkeofringene som vi gir på søndagene, gir vi separerte takkeofringer når det finnes andre spesielle grunner til å være takknemlig. Inkludert i fredsofringen er ofringer som frivillig blir gitt til Gud, for å atskille seg selv og holde seg hellig så en kan leve etter Guds Ord, og motta sine hjertes ønsker fra Ham.

Selv om ofringen av fredsofringene gir mangfoldige meninger, ligger den mest fundamentale grunnen i å holde fred med Gud. Så fort vi har fred med Gud, gir Han oss styrken til å leve ifølge sannheten, svarer på våre hjerters ønsker, og gir oss nåde ved å fullføre alle løftene som vi har gitt Ham.

Akkurat som 1. Johannes 3:21-22 forteller oss, "Kjære, hvis våre hjerter ikke fordømmer oss, vi stoler på Gud; da vil Han gi oss alt det vi spør om, fordi vi holder ved Hans budskap og gjør tingene som er tilfredstillende i Hans øyne," vil vi ha fred med Ham og erfare Hans arbeide gjennom alt det vi ber Ham om når vi blir trygge overfor Gud fordi vi har levet ifølge sannheten. Hvis vi gleder Ham mer med spesielle ofringer, kan du så forestille deg hvor hurtig Gud vil svare og velsigne oss?

Det er derfor imperativt at vi riktig forstår meningen med kornofringen og fredofringen og skiller mellom kornofringen og fredsofringen, slik at Gud gledelig vil akseptere våre ofringer.

2. Freds Ofringen

Gud forteller oss i 3. Mosebok 3:1, "Hvis hans offer nå er fredsofringer, burde de være friske hvis han skal ofre dem fra flokken, samme om det er en gutt eller jente." Om fredsofringen er et lam eller en geit og om det er en gutt eller jente, må det være friskt (3. Mosebok 3:6, 12). Et offer i brent ofringen måtte være en frisk gutte okse eller lam. Dette er fordi det perfekte offeret for den brente ofringen – for den åndleige gudstjenesten – tilkjennegir Jesus Kristus, Guds uklanderlige Sønn.

Men ettersom vi gir fredsofringer til Gud for å kunne holde fred med Ham, er det ingen grunn til å skille mellom hankjønn og hunkjønn så lenge offeret er friskt. At det ikke er noen forskjell på han eller hunkjønn når det kommer til fredsofringer, kommer ifra Romerne 5:1: "For så å ha blitt rettferdiggjort gjennom troen, må vi holde fred med Gud gjennom vår Herre Jesus Kristus. Ved å fullføre fred med Gud gjennom arbeide av Jesus blod på korset, finnes det ingen forskjell mellom en gutt og en jente.

Når Gud befaler at ofringen skal være "frisk," er det fordi Han vil at vi skal gi til Hma gjennom et hjerte som er like vakkert som et barn og ikke gjennom med en knust ånd. Vi må verken gi motvillig eller mens vi søker etter andres anerkjennelse, men frivillig og gjennom troen. Det er bare fornuftig av oss å gi en uklanderlig ofring når vi gir et takkeoffer for Guds frelses nåde. Et offer som har blitt gitt til Gud slik at vi kan stole på Ham i alt det vi gjør her i livet, slik at Han kan hele tiden holde seg sammen med oss og beskytte oss, og slik at vi må leve ifølge Hans vilje, må være det beste vi kan gi og at vi gir med den største forsiktighet og med hele vårt hjerte.

Når vi sammenligner ofringene i brent ofringen og fredsofringene, kan vi finne et interessant faktum som vi burde bemerke: Duer har blitt utelatt fra den sistnevnte. Hvorfor? Samme hvor fattig en person vil være, må et brennende offer komme fra alle menneskene og det er derfor Gud tillot ofringen av duer som har en forferdelig liten verdi.

Når for eksempel en nybegynner i Kristus liv som har en svak og liten tro går til søndagens gudstjenester, vil Gud se på dette som om Han har mottatt en brennende ofring. Mens et helt brennende offer blir gitt til Gud når de troende lever fullstendig etter Guds Ord, holder en direkte og fortrolig samhold med Gud, og tilber gjennom ånden og sannheten, vil Gud se på dette som et dueoffer som har liten verdi som et brent offer, men som vil lede ham til veien mot frelse når det gjelder etroende nybegynner som bare holder Herrens Dag hellig.

Men et fredsoffer er ikke en nødvendig ofring, men et frivillig offer. Det blir gitt til Gud slik at menensker kan motta svar og velsignelser ved å være til glede for Gud. Hvis en due med liten verdi blir gitt, vil den ha mistet dens mening og grunn som et spesielt offer, og det er derfor duene har blitt utelatt.

Forestill deg at en person gjerne ville gi et offer ved å fullføre et ed eller et løfte, et dypt ønske, eller for å motta Guds helbredelse fra en uhelbredelig eller dødelig sykdom. Med hva slags hjerte burde dette offeret bli gitt? Det vil bare bli forberedt mer helhjertet enn takkeofringene som blir gitt regelmessig. Gud vil være mest fornøyd hvis vi ofrer Ham en han okse eller, avhengig av hver persons omstendighet, hvis vi ofret Ham en hun ku eller et lam eller en geit, men verdien av en due er altfor ubetydelig.

Dette betyr selvfølgelig ikke at "verdien" av et offer vil fullstendig avhenge av dens pengeverdi. Når hver person forbereder ofringen med hele hjertet og sinnet og med forsiktighet ifølge hans egne omstendigheter, da vil Gud gi verdien av offeret basert på den åndelige duften inne i den.

3. Å gi Freds Offer

1) Å legge Hånden på Hodet av Fredsofringen og Drepe det ved Døråpningen til Møteteltet

Hvis personen som bringer offeret legger hans hender på dens hode ved døråpningen av møteteltet, da tilskriver han sine synder til dyret. Når en personen som bringer offeret legger hans hender på offeret, setter han dyret til side som et offer som skal bli gitt til Gud og vil derfor gjøre det hellig.

For at våre ofringer som vi legger våre hender på skal være et tilfredstillende offer for Gud, må vi ikke bestemme beløpet ifølge de kjødelige tankene, men ifølge inspirasjonen fra den Hellige Ånd. Det er bare slike offer som Gud vil akseptere med glede, sette til side og gjøre hellige.

Etter at han la sin hånd på hodet til offeret, vil personen som lager offeret drepe den på dørterskelen til møteteltet. Under det Gamle Testamentets tider, var det bare prester som kunne komme inn til Saktuariumet og mennesker drepte dyrene ved dørterskelen til møteteltet. Men når veggen med synden som hadde blitt stående i veien for Gud blir ødelagt av Jesus Kristus, kan vi i dag komme inn til Sanktuariumet, tilbe Gud, og ha et direkte og fortrolig samhold med Ham.

2) Aarons Sønner Prestens Drysser Blod rundt Alteret

3. Mosebok 17:11 forteller oss, "For livets kjøtt ligger i blodet, og jeg har gitt deg blodet på alteret til soning for dere. Blodet soner fordi livet er i det. Hebreerne 9:22 forteller oss også, "Og ifølge Loven, kan en nesten si at alle ting blir renset med blod, og uten tapet av blodet finnes det ingen tilgivelse," og vil minne oss om at vi bare kan bli renset gjennom blodet. Når vi gir Gud fredsofringer for det direkte og fortrolige åndelige samhold med Gud, er dryssingen av blodet nødvendig fordi vi som har tapt vårt samhold til Gud, kan aldri leve i fred med Ham uten arbeidet fra blodet til Jesus Kristus.

Det at presten drysser blod rundt omkring på alteret tyder på at hvor enn dine føtter leder oss og i hvilke som helst omstendigheter vi finner oss selv, kan vi alltid finne fred med Gud. For å symbolisere at Gud alltid er med oss, spaserer med oss, beskytter oss, og velsigner oss hvor enn vi går, og i alt det vi gjør, og samme hvem vi er samemn med, blir blod drysset rundt alteret.

3) Fra Fredsofringene vil det bli Presentert et Offer gjennom Ilden til HERREN.

3. Mosebok 3 går inn i detaljer om metoder hvor en ikke bare behøver å ofre okser, men kan også ofre lam og geiter som fredsofringer. Siden metodene nesten er like, vil vi kunne fokusere på ofringer av okser som fredsofringer. Når vi

sammenligner fredsofringre med brent ofringer, vet vi at alle delene av de flådde ofringene ble gitt til Gud. Betydeligheten av brent ofringene er den åndelige gudstjenesten, og idet gudstjenesten bare blir ofret fullstendig til Gud, ble ofringene helt brent.

Men når en gir fredsofringer, gir vi ikke alle delene av ofringene. Akkurat som vi leser i 3. Mosebok 3:3-4, "fettet som dekker innvoldene og alt fettet som ligger på innvollene, og de to nyrene med fettet på dem, som ligger på nyrestykkene, og lappen til liveren, som han skal fjerne med nyrene," skal fettet som dekker de viktige delene av dyrets innvolder bli ofret til Gud som en duftende aroma. Gaven med fettet fra forskjellige deler av dyret viser at vi må holde fred med Gud hvor enn vi er og samme hvilke omstendigheter vi finner oss selv i.

Å holde fred med Gud vil også kreve at vi skal holde fred med alle mennesker og streve etter hellighet. Bare når vi holder fred med alle mennesker kan vi bli Guds perfekte barn (Matteus 5:46-48).

Etter at fettet fra offeret som blir gitt til Gud har blitt fjernet, blir delene som var reservert for prestene også fjernet. Vi leser i 3. Mosebok 7:34, "for jeg har tatt brystet av offeret som ble viftet over røkelsen og låret av isralittenes bidrag fra deres fredsofringer, og har gitt dem til presten Aaron og hans sønner." Akkurat som porsjoner av kornofringer ble reservert for prestene, blir deler av fredsofringer som mennesker ga til Gud reservert for prestenes levebrød og 3. Mosebok, som begge tjener Gud og Hans folk.

Det samme gjelder det Nye Testamentets tider. Gjennom

ofringene som Gud får ifra de troende, blir Guds arbeide for frelsen av sjelene utført og levebrødet fra tjenerne til Herren og kirkemedlemmene blir holdt ved like. Etter at vi fjerner delene for Gud og prestene, blir det resterende fortært av personen som ga ofringen; dette er en egenskap som er unik til fredsofringer. At den personen som gir det også spiser det vil bety at Gud vil vise at ofringen er verdig Hans glede gjennom slike bevis som svar og velsignelser.

4. Loven om Fettet og Blodet

Når et dyr ble drept som et offer som skulle bli gitt til Gud, drysset presten dens blod rundt alteret. Og også siden alt nyretalget og fettet tilhørte HERREN, ble de sett på som hellige og ofret det røkende på alteret som en duftende aroma som tilfredstiller Gud. Mennesker i set Gamle Testamentets tider spiste ikke noe fett eller noe blod, fordi fettet og blodet er forbundet med livet. Blodet representerer livet til det kjødelige, og fettet som er kjernen av kroppen, er også samme som livet. Fettet forenkler den rolige virksomheten og livets aktiviteter.

Hvilke åndelig betydelighet holder "fettet?"
"Fettet" vil hovedsakelig tyde på den beste forvaringen til et perfekt hjerte. Forærelsen av fettet i en ofring over ilden betyr at vi gir alt det vi har og alt det vi er til Gud. Det refererer til den beste omsorgen og det fullstendige hjerte som vi gir ofringene som er verdige Guds godkjennelse. Selv om innholdet

i takkeofringene på alteret for å motta fred ved å tilfrestille Ham og gi oss selv gjennom hengivenhet til Gud er viktig, er det viktigere å se hva slags hjerte og i hvilken grad offeret kan bli gitt. Hvis en person som har gjort gale ting i Guds øyne ofrer noe for å prøve å holde fred med Ham, må denne ofringen bli gjort med en større hengivenhet og med et mer perfekt hjerte.

Og tilgivelse av synd vil selvfølgelig kreve at en gir synde eller skyldofringer. Men det er tider hvor en håper å gå lenger enn bare å få en simpel tilgivelse fra syndene og i stedet holde en viss fred med Gud ved å tilfredstille Ham. Når for eksempel et barn har gjort noe galt imot deres far og såret hans hjerte forferdelig, kan farens hjerte bli berørt og en riktig fred kan igjen oppstå mellom dem hvis hun gjorde alt for og tilfredstille sin far, istedenfor og bare si at hun er lei seg og mottar tilgivelse for hennes ugjerninger.

"Fettet" refererer også til bønner og fullheten fra den Hellige Ånd. I Matteus 25 kan vi finne fem forsiktige jomfruer som tok med seg flasker med olje og lamper, og fem dumme jomfruer som ikke tok med seg noen olje og som derfor ble nektet adgang til bryllupet. Her vil "olje" åndelig uttrykke bønner og fullheten av den Hellige Ånd. Bare når vi mottar fullheten fra den Hellige Ånd gjennom bønner og er våkne, kan vi unngå å bli flekket av verdslige lyster og vente på vår Herre, brudgommen, etter at vi har forberedt oss som Hans vakre bruder.

Bønn må komme samtidig som fredsofringen som blir gitt til Gud for å kunne tilfredstille Gud og motta svar ifra Ham. At bønner ikke bare burde være en formalitet; den må bli ofret med hele vårt hjerte og med alt det vi har og alt det vi er, akkurat som Jesus svette ble som dråper av blod, og som falt ned på bakken når Han ba til Gethsemane. Alle som ber på denne måten vil sikkert slåss og kaste vekk synden, bli frelst, og motta inspirasjonen ovenfra og den Hellige Ånds fullhet. Når en slik person gir et fredsoffer til Gud, da vil Han bli glad og fort gi Hans svar.

Et fredsoffer er et offer som har blitt gitt til Gud gjennom fullstendig tillit, slik at vi kan lede verdifulle liv gjennom Hans selskap og under Hans beskyttelse. Når vi holder fred med Gud, må vi vende oss vekk ifra våre tidligere veier som ikke er tilfredstillende i Hans øyne; vi må gi ofringer til Ham med hele vårt hjerte og med glede, og motta fullheten av den hellige Ånd gjennom bønner. Vi vil da bli full av håp om Himmelen og lede triumferende liv ved å holde fred med Gud. Jeg håper at alle leserne alltid vil motta Guds svar og velsignelser ved å be gjennom inspirasjonen og fullheten til den Hellige Ånd med hele hans hjerte og gi Ham fredsofringer som er tilfredstillende i Hans øyne.

6. Kapittel

Synde Offring

"Hvis en person synder uforsettlig i noen av tingene som HERREN har befalt ham om ikke å gjøre, og begår noen av dem, hvis den valgte presten synder og dermed bringer skyldfølelse til menneskene, la ham så ofre en frisk okse til HERREN som et syndeoffer for de syndene som han har begått."

3. Mosebok 4:2-3

1. Meningen og Forskjellig Typer Syndeofringer

Ved vår tro på Jesus Kristus og arbeidet fra Hans blod har vi blitt tilgitt alle våre synder og blitt freslt. Men for at vår tro skal bli anerkjent som sann, må vi ikke bare tilstå muntlig, "Jeg tror," men vi må også demonstrere det gjennom gjerninger og sannferdighet. Når vi viser Gud bevisene på de troende gjerningene som Gud vil kjenne igjen, vil Han se troen og tilgi oss våre synder.

Hvordan kan vi motta tilgivelse av våre synder gjennom troen? Alle Guds barn må selvfølgelig alltid spasere i lyset og aldri igjen synde. Men hvis det finnes en vegg mellom Gud og en troende som har begått synder når han ikke ennå var perfekt, må han kjenne til løsningene og handle i samsvar med dette. Løsningene kan bli funnet i Guds Ord angående syndeofringen.

Syndeofringen er, som vi leser, et offer som har blitt gitt til Gud som soning for våre synder som vi har begått gjennom livet vårt, og metodene vil variere ifølge de forpliktelsene som Gud har gitt oss og den individuelle målingen av troen. 3. Mosebok 4 diskuterer syndeofringer som en hellig prest, hele menigheten, en leder, og vanlige mennesker, skal ofre.

2. En Innviet Prests Syndeofring

Gud forteller Moses i 3. Mosebok 4:2-3, "Si til isralittene: Når noen synder av vannvare mot et av Herrens bud og gjør noe som ikke er tillatt, da gjelder disse regler: Er det den salvede prest som synder og fører skyld over folket, skal han ofre en ung, lyteløs okse som syndoffer til herren for den synd han har gjort.'"

Her refererer "isralittene" åndelig til alle Guds barn. "Når en person synder uforsettlig i noen av tingene som HERREN har bedt dem om ikke å gjøre, og allikevel gjør det" er når Guds lov, som kan bli funnet i Hans Ord i de 66 bøkene i Bibelen, hvor Han "befalte og ikke gjøre", har blitt brutt.

Når en prest – i dagens tid, en prest som underviser og forkynner Guds Ord – bryter Guds lov, da vil gjengjeldelse for disse syndene til og med nå menneskene. Siden han ikke har lært hans flokk om sannheten eller levet etter det selv, er hans synd veldig alvorlig; selv om han syndet uten å vite om det, er det fremdeles forferdelig pinlig at en prest ikke hadde forstått Guds vilje.

Hvis en prest for eksempel underviser om sannheten på en gal måte, da vil hans flokk tro på ham; trosse Guds vilje; og selve kirken vil bygge opp en vegg med synder foran Gud. Han har fortalt oss, "Vær hellig," "Hold deg unna all form for ondskap," og "Be uten opphold." Så hva ville så skje hvis en prest sa, "Jesus har reddet oss fra alle våre synder. Så vi vil bli frelst så lenge vi går i kirken"? Akkurat som Jesus forteller oss i Matteus 15:14, "Hvis en blind mann leder en blind mann, da vil de begge falle ned i graven," gjengjeldelse av syndene til presten er stor fordi både presten og flokken vil vokse vekk ifra Gud. Hvis en prest synder "og så bringer skyldighet til menneskene," må han ofre et syndeoffer til Gud.

1) En Gutte Okse som er Frisk Blir Ofret som et Syndeoffer

Når en salvet prest synder, er det som å "gi skyld til menneskene" og han må vite at dette vil ha store følger for ham. I Samuel 2-4 kan vi finne ut av hva som skjedde når Elis sønner syndet ved å ta ofringene som hadde blitt gitt til Gud for deres egen gagn. Når Israel tapte krigen imot filisterne, da ble Elis sønner drept og 30,000 av Israels soldater mistet også livet deres. Ved bare å ha Guds Ark tatt, begynte hele Israel å lide. Det er derfor ofringer med soning ble det mest verdifulle av alt: En frisk gutte. Blant alle ofringene, aksepterer Gud gutte okser og gutte lam mer enn noe annet, og verdien av gutte okser er større. For syndeofringen må presten ofre ikke bare hvilken som helst gutte okse, men en frisk gutt; dette vil åndelig bety at ofringene ikke kan bli gitt motvillig eller uten glede; hver ofring må være et helt levende offer.

2) Og Gi Syndeofring

Presten bringer oksen som et syndeoffer til døren av møteteltet og til HERREN; legger hans hender på det; dreper det; tar noe av blodet fra oksen og tar det med seg inn i møteteltet; dypper hans fingre i blodet og drysser noe av det sju ganger foran HERREN, foran gardinen til Sanktuariumet (3. Mosebok 4:4-6). Legge hånden på hodet til oksen betyr å gi mannens synder til dyret. Mens personen som har syndet egentlig skulle bli utsatt for døden, vil personen få tilgivelse av hans synder ved å legge hans hender på offerets hode og ved derved å gi hans synder til dyret som så blir drept.

Presten skal så ta noen av blodet, dyppe hans fingre i det, og drysse det rundt omkring i Sanktuariumet på innsiden av møteteltet, foran gardinen til Sanktuariumet. "Gardinen til Sanktuariumet" er av et tykt stoff som skiller Sanktuariumet fra det Helligste av de Hellige. Ofringer blir vanligvis ikke gitt på innsiden av Sanktuariumet, men på alteret i tempelts gårdsplass; men presten går inn i Sanktuariumet med blodet fra syndeofringen, og drysser det foran gardinen til Sanktuariumet, like foran det Helligste av det Hellige hvor Gud oppholder seg. Dyppingen av fingrene i blodet symboliserer en opptreden med å be om tilgivelse. Det symboliserer at en ikke bare angrer muntlig eller med løfter, men at en også får utbytte av angringen ved å egentlig kaste bort sydnen og ondskapen. Dypping av fingeren i blodet og drysse det på det "sju ganger" – "sju" som er det perfekte nummeret i det åndelige riket – betyr at en fullstendig kaster vekk hans synder. En kan bare motta en perfekt tilgivelse etter at han har fullstendig kastet vekk hans su\ynder og ikke synder på nytt.

Presten smører også litt av dette blodet på beina til alterer med den duftende røkelsen overfor HERREN i møteteltet, og heller alt blodet ved foten av alteret med det brente offeret og ved døren til møteteltet (3. Mosebok 4:7). Alteret med den duftende røkelsen – er et alter som er til for å brenne røkelse; når det ble satt fyr på røkelsen, da aksepterte Gud denne røkelsen. Beina i Bibelen representerer en konge og hans opphøydhet og myndighet; de refererer til Kongen, vår Gud (Johannes' åpenbaring 5:6). Smøret blodet på beina til alteret med den duftende røkelsen vil vise at ofringen har blitt akseptert av Gud vår Konge.

Hvordan kan vi i dag angre på en måte som Gud aksepterer? Det ble sagt tidligere at synden og ondskapen ble kastet bort ved å dyppe fingeren i blodet til syndeofringen og drysset det rundt omkring. Etter at vi har overveiet og angret på syndene, må vi gå i Sanktuariumet og tilstå synden gjennom bønner. Akkurat som blodet til offeret ble smørt på beina for at Gud skulle akseptere det, må vi komme til myndigheten av vår Gud som er Konge og ofre Ham angrende bønner. Vi må dra til sanktuariumet, knele ned, og be gjennom Jesus Kristus navn midt i arbeidet til den Hellige Ånd som tillater den angrende ånden å komme til oss.

Dette betyr ikke at vi må vente til vi har kommet til sanktuariumet for å kunne angre. Så fort vi vet at vi har gjort noe galt imot Gud, må vi med det samme angre og omvende oss. Å her komme til sanktuariumet har med Sabbaten å gjøre, Herrens Dag.

Mens bare salvede prester før kunne kommunikere med Gud i de Gamle Testamentets tider, kan vi i dag be til og ha et direkte og fortrolig samhold med Gyd midt i den Hellige Ånds arbeide, siden den Hellige Ånd har lagt seg til rette i alle våres hjerter. Angrende bønner kan også bli ofret alene midt i den Hellige Ånds arbeide. Men du må derimot huske på at alle bønner blir gjort hellige ved å holde Herrens Dag hellig.

En person som ikke holder Herrens Dag hellig har ikke noe bevis på at han er Guds barn åndelig, og han kan ikke motta tilgivlese selv om han ofrer angrende bønner på egen hånd. Angring blir ikke bare akseptert av Gud når en ofrer angrende bønner på egen hånd ved å innse at han har syndet, men også når han igjen formelt ofrer angrende bønner i Guds sanktuarium på Herrens Dag.

Etter at blodet har blitt smørt på beina av alteret med den duftende røkelsen, blir alt blodet helt ut ved foten av alteret med det brente offeret. Dette er en hellig ofrings med blod til Gud, som er selve livet til offeret, og vil åndelig bety at vi angrer med et hellig og trofast hjerte. Å motta tilgivelse av syndene som ble begått imot Gud krever angring ofret med hele vårt hjerte, sinn, og vårt store og mest alvorlige anstrengelse. Alle som har gitt til Gud en sann angring ville ikke våge å begå de samme syndene igjen overfor Gud.

Deretter fjerner presten alt fettet fra den syndeofrede oksen og legger det i ilden på alteret, den samme prosedyren som med fredsofringen, og tar med seg skinnet, kjøttet med hodet, beina, og innvoldene utenfor hvor asken blir helt ut og brenner det (3. Mosebok 4:8-12). "Å ofre det til ilden" vil bety at gjennom sannheten, vil en selv bli ødelagt og bare sannheten vil overleve.

Akkurat som fettet fra fredsofringen blir fjernet, vil fettet fra syndeofringen også bli fjernet og så ofret røkende på alteret. Å ofre fettet fra oksen i røken på alteret forteller oss at bare angringen ofret med hele vårt hjerte, sinn, og mad all vår anstrengelse vil bli akseptert av Gud.

Mens alle delene av det brennende offeret ble ofret i ilden på alteret, blir alle syndeofringene utenom fettet og nyrene brent på ilden med veden utenfor leiren hvor asken blir helt ut. Hhvordan kan dette ha seg?

Idet en brennende ofring er en åndelig gudstjeneste som skal tilfredstille Gud og oppnå samhold med Ham, blir det ofret gjennom ilden på alteret i tempelet. Men siden en syndeofring skal frelse oss ifra urene synder, kan det ikke bli ofret i ilden på alteret inne i tempelet og blir fullstendig brent på et sted langt vekk ifra der hvor menneskene bor.

Til og med i dag må vi anstrenge oss hardt med å fullstendig kaste vekk syndene som vi har angret på overfor Gud. Vi må brenne opp arrogansen, stoltheten, vårt gamle jeg fra vår tid her på jorden, våre syndige gjerninger som er usømmelige overfor Gud, og liknende ting gjennom ilden fra den Hellige Ånd. Offeret som blir ofret i ilden – oksen – har fått tilskrevet syndene fra den personen som la sin hånd på den. Så fra dette tidspunktet av, må denne personen komme frem som et levende offer som Gud er tilfredstilt med.

Så hva må vi så gjøre for dette i dag? Den åndelige betydningen mellom egenskapene til en okse som blir ofret og de til Jesus som døde for å redde oss i fra synden, ble forklart tidligere. Så hvis vi har angret og ofret alle delene av ofringene i ilden, må fra dette tidspunktet av bli transformert på samme måte som vår Herre har blitt et syndeoffer, og akkurat som et offer som ble gitt til Gud. Ved å flittig tjene kirkemedlemmene på vår Herres vegne, må vi tillate de troende å befri deres byrder og bare gi dem sannheten og de gode tingene. Ved å vie seg til og hjelpe våre kirkemedlemmer med å kultivere hjertene deres gjennom tårer, iherdighet, og bønner, må vi transformere våre brødre og søstre til sanne, frelsede Guds barn. Gud vil så se på angringen som sann og føre oss inn mot velsignelsene.

Selv om vi ikke er prester, som vi kan lese i 1 Peters brev 2:9, "Men dere er en valgt menneskerase, et kongelig presteskap, en hellig nasjon, et folk for Guds egen besittelse," må alle vi som tror på Herren bli like perfekte som prestene og bli Guds sanne barn.

Og et offer som blir gitt til Gud må også være forbundet med angrelse når en holder soning for ens synder. Alle som dypt beklager og angrer på det han har gjort galt vil naturligvis bli ledet mot tilgivelser, og når slike gjerninger er forbundet med et slikt hjerte vil det bli sett på som å søke en fullstendig angring og omvendelse overfor Gud.

3. Syndeofringen fra Hele Menigheten

"Så hvis hele Israels menighet synder av vannare, hvis hele folket uten å vite om det gjør noe som ikke er tillatt etter et av Herrens bud, og således fører skyld over seg, da skal folket, når synden blir kjent, ofre en ung okse som syndoffer. De skal føre den fram foran møteteltet" (3. Mosebok 4:13-14).

I dagens betegnelser, "hele menighetens synder" refererer til syndingen av heke kirken. Det finnes for eksempel tider hvor splid blir formet inne i kirken blant prester, eldre, de høyeste diakonessene og som vil bekymre hele menigheten. Så fort splittelser oppstår og starter uenigheter, da vil hele kirken ende opp med å synde og skape en hæy vegg med synd overfor Gud siden de fleste kirkemedlemmene vil bli påvirket av konfliktene, og snakke dårlig om eller ha dårlige følelser mot hverandre.

Selv Gud har bedt oss om å elske våre fiender, tjene andre, ydmyke oss selv, holde fred med alle mennesker, og søke etter guddommelighet. Hvor pinlig og angrende ville det ikke være for Gud når Herrens tjenere og flokkene deres blir uenige eller når Kristus brødre eller søstre motarbeider hverandre? Hvis slike tilfeller finner sted innenfor kirken, vil den ikke bli beskyttet av Gud; det vil ikke bli noen vekkelse og det vil oppstå vanskeligheter både hjemme og på arbeidet til dens medlemmer.

Hvordan kan vi motta tilgivelse av hele menighetens synd?

Når hele menighetens synd blir kjent, er det for å bringe en okse til møteteltet. Dens eldre kan legge deres hender på hodet til offeret, slå det i hjel foran HERREN, og ofre det til Gud på samme måte som prestens syndeofring. Syndeofringen for prestene og hele menigheten har den samme verdi og verdifullhet. Dette betyr at i Guds øyne er vekten av synden som har blitt utført av prestene og hele menigheten den samme.

Men selv om offeret fra en prests syndeofring skal være en ung okse uten skade, må ofringen av hele menighetens syndeofring simpelthen bare bli en ung okse. Dette er fordi det ikke er lett for hele menigheten å bli et hjerte og ofre noe gjennom glede og takknemlighet.

Når hele kirken i dag har syndet og gjerne vil angre, er det mulig at det blant medlemmene finnes mennesker uten noen som helst tro eller mennesker som vil nekte å angre fordi de har engstelser i hjertene deres. Siden det ikke er lett for hele menigheten å gi en helt frisk ofring til Ham, har Gud vist Hans barmhjertighet når det kommer til dette. Selv om et par mennesker ikke kan gi ofringen med hele deres hjerte, vil Gud motta syndeofringer og tilgi dem når de fleste av kirkemedlemmene angrer og omvender seg.

Siden ikke alle kirkemedlemmene kan legge deres hender på hodet til offeret, vil menighetens eldre legge deres hender på offeret på vegne av menigheten når hele menigheten gir syndeofringen til Gud.

Resten av prosedyren er den samme som prestenes syndeofringer i alle stegene fra og med når prestene dypper deres fingre i blodet til offeret, drysser blodet sju ganger foran gardinen til Sanktuariumet, smører litt av blodet på beina til alteret med den duftende røkelsen, og brenner resten av deles til offeret på utsiden av leiren. Den åndelige meningen med disse prosedyrene er å fullstendig omvende seg ifra synden. Vi må også gi angrende bønner i Jesus Kristus navn og gjennom arbeidet fra den Hellige Ånd gjennom Guds sanktuarium slik at angring kan formelt bli akseptert. Etter at hele menigheten har angret på en gang på denne måten, da burde synden aldri bli gjentatt.

4. En Leders Syndeoffring

I 3. Mosebok 4:22-24 kan vi lese,

"Når en høvding synder av vanvare mot et av Herren sin Guds bud og gjør noe som ikke er tillatt, og fører skyld over seg, da skal han når han skjønner at han har syndet, bringe et offer. Det skal være en geitebukk som er uten lyte. Han skal legge hånden på bukkens hode og slakte den på samme sted som brennofferdyret slaktes, for Herrens åsyn. Det er et syndeoffer."

Selv om "ledere" har en lavere rang enn prestene, befinner de seg i en stilling med ledelse og i en klasse som er annerledes enn vanlige mennesker. Ledere vil derfor ofre unge geiter til Gud. Dette er mindre enn unge okser som blir ofret av prester, men større enn hun geiter som blir ofret av vanlige mennesker som syndeofringer.

I dages betegnelser, er "ledere" innenfor kirken team eller gruppe ledere eller søndagsskole lærere. Ledere er de som tjener i ledende stillinger overfor kirkemedlemmene. I motsetning til legmanns medlemmer eller troens begynnere, har de blitt satt til side av Gud som slike, selv om de samme syndene har blitt begått, må ledere gi større avkom fra angring til Gud.

Tidligere la lederne hendene sine på hodet til den unge geiten uten skade og tilskrev hans synder til geiten og så slo det i hjel like foran Gud. Lederen mottar tilgivelse når presten dypper prestenes fingre ned i blodet, smører det på beina til alteret med det brente offeret, og heller resten av offerets blod ved foten av alteret hvor det brente offeret ligger. I samme tilfelle som fredsofringen, blir fettet til offeret lagt i røken på alteret.

I motsetning til presten, vil ikke en leder drysse blodet fra offeret sju ganger foran gardinen til Sanktuariumet; når han demonstrerer hans angerfølelse er det ved å smøre blod på beina til alteret hvor det brente offeret ligger og Gud vil så akseptere det. Dette er fordi målingen av troen vil være annerledes for en prest og en leder. Fordi presten aldri må synde igjen etter at han har angret, må han drysse blodet fra offeret sju ganger, som er det perfekte nummeret åndelig.

Men en leder vil imidlertid kanskje ikke bevisst synde igjen og av denne grunnen må han ikke drysse offerets blod sju ganger. Dette er et tegn på Guds kjærlighet og barmhjertighet, som gjerne vil motta angring fra hver person ifølge hans eller hennes trosnivå og overrekke tilgivelse. Opp til nå i diskusjonene om syndeofringer, har "en prest" blitt referert til som "hjelper" og "en leder" som "en arbeider i en ledende stilling." Men disse referansene er ikke bare begrenset til forpliktelsene som Gud har gitt innenfor kirken, men de refererer også til hvor mye tro hver av de troende har.

En hjelper burde bli frelst gjennom troen og så kunne lede en flokk med troende. Det er bare helt naturlig for troen til noen som har en stilling som en leder, som et team eller gruppe leder eller søndagsskole lærer, å oppholde seg på et annet nivå enn en vanlig troende selv om han ikke ennå har oppnådd den perfekte hellighet. Idet nivået av troen er annerledes fra hjelperen til en leder og til en vanlig troende, er betydeligheten av synden og nivået av angring som Gud vil akseptere annerledes selv om de alle begikk den samme synden.

Dette er ikke for å si at det er tillatelig for en troende å tenke, 'Siden min tro ennå ikke er perfekt, Gud vil gi meg en annen sjanse selv om jeg senere vil synde', og så angre med et slikt hjerte. Tilgivelsen ifra Gud gjennom angring vil ikke bli mottat hvis en person bevisst og med vilje synder, men bare når en person syndet ubevisst og innså det senere at han hadde syndet og søkte så etter tilgivelse. Og også så fort han har syndet og angret på det, vil Gud aaksepte denne angringen bare når han prøver alt og gjennom lidenskapelige bønner aldri vil begå den samme synden igjen.

5. Syndeofringer fra de Vanlige Mennesker

"Vanlige mennesker" er folk med veldig liten tro, eller vanlige medlemmer i kirken. Når vanlige mennesker begår synder, gjør de det fra en liten tro og vekten av deres syndeofring er derfor mindre enn det fra en prest eller en leder. En vanlig person burde ofre et syndeoffer til Gud av en hun geit uten skader, som er lavere i betydelighet enn an han geit uten skader. Som er tilfelle med syndeofferet gitt av presten eller en leder, må presten dyppe hans fingre i blodet fra offeret til en vanlig persons syndeofring, smører det på beina til alteret til det brennende offeret, og heller ut resten av det ved alteret.

Siden det er en stor sannsynlighet at en vanlig person vil synde igjen senere på grunn av hans lille tro, vil Gud vise ham barmhjertighet og tilgi ham, hvis han angrer og fremstiller hans hjerte gjennom angring når han synder. Vi kan også se at syndene som har blitt begått på dette nivået er lettere å tilgi enn syndene hvor de må gi en ungt lam eller en geit som offer, på måten som Gud befaler at "en hun geit" skal bli ofret. Dette betyr ikke at Gud tillater så som så angring; en må ofre en sann angring til Gud, og love og aldri mer synde igjen.

Når en person med liten tro innser og angrer på hans synder og gjør alt for ikke å begå de samme syndene igjen, da vil hyppighet av hvor ofte de synder bli redusert fra ti til fem og så til tre ganger, og han vil til slutt bli fullstendig kvitt det. Gud aksepterer angring som er forbundet med en avkastning. Han vil til og med ikke akseptere angring fra en begynnende troer hvis den bare inneholder muntlig tjeneste uten at hjertet blir forandret.

Gud vil juble og tilbe en troende nybegynner som med det samme angrer på hans synder samme når han innser dem og iherdig kaster dem bort. Istedenfor å forsikre seg selv om, 'Dette er hvor min tro er, så dette er også derfor godt nok for meg,' vil han bli utsatt for bare mer overflodig kjærlighet og velsignelser ifra Gud, hvis han arbeider hardt med å komme lenger enn hans egne evner kan ta ham, og ikke bare gjennom angring, men også gjennom alle andre deler av ens Kristelige liv.

Når en hadde råd til å gi en hun geit men ga isteden et lam, måtte også lammet være et hunkjønn uten skader (3. Mosebok 4:32). De fattige ga to turtelduer eller to unge duer, og de som var enda fattigere ga bare litt fint mel (3. Mosebok 5:7, 11). Rettferdighetens Gud klassifiserte og aksepterte syndeofring i henhold til hvor mye tro hver person hadde.

Vi har opp til nå diskutert hvordan vi kan forsonel oss og holde fred med Gud ved å undersøke syndeofringer som blir gitt til Ham av mennesker fra forskjellige ranger og med forskjellige forpliktelser. Jeg håper at hver leser vil holde fred med Gud ved å alltid kikke på ens egen forpliktelser som en har fått ifra Gud og ens tro, og også angre iherdig på alle ens feil og synder når en finner en vegg med synder på veien til Gud.

7. Kapittel

Skyldofferet

"Når noen av vanvare tilvender seg et eller annet som er viet til Herren, og således gjør seg skyldig i svik, skal han komme til HERREN med et skyldoffer, en lyteløs vær av feet, verdsatt i sølvsekel etter helligdommens vekt. Det er hans skyldoffer."

3. Mosebok 5:15

1. Betydeligheten av Skyldofferet

Et skyldoffer blir gitt til Gud for å kunne godtgjøre en synd. Når Guds mennesker synder mot Ham, må de ofre Ham et skyldoffer og angre til Ham. Men avhengig av hva slags synder denne personen hadde begått, må denne synden ikke bare omvende hans hjerte fra hans syndige veier, men han må også ta ansvar for de ting han gjør galt.

Ta for eksempel i betraktning en person som har lånt en ting som tilhører hans venn og som ved et uhell ødlegger det. Her kan ikke denne personen bare si, "Jeg er veldig lei meg." Han må ikke bare be om unnskyldning, men han må også erstatte denne tingen. Hvis personen ikke kan betale ham tilbake for tingen som han ødelagte, må han betale ham tilbake hva denne tingen kostet. Dette er en virkelig angring.

Ofringen av et skyldsoffer representerer det å skape fred ved å holde restitusjon eller ta ansvar for hva de har gjort galt. Det samme gjelder angring overfor Gud. Akkurats som vi må gi godtgjørelse for skade som vi har forårsaket våre kristelige brødre eller søstre, må vi demonstrere overfor Ham en riktig angring etter at vi har syndet imot Ham for at vår angring skal bli fullstendig.

2. Grunnen og Metodene omkring Ofringen av Skyldfølelse

1) Etter at Vi Har Laget et Falskt Vitnesbyrd

3. Mosebok 5:1 forteller oss, "Når noen hører en forbannelse uttalt, og han kan vitne, fordi han har sett eller fått vite noe, men likevel ikke sier ifra, da synder han og fører skyld over seg." Det er tider når mennesker lager falske vitnesbyrd hvis dere egen interesse står på spill, selv etter at de har sverget om å fortelle sannheten.

La oss for eksempel anta at ditt eget barn har gjort noe galt og en uskyldig person har blitt anklaget for forbrytelsen. Hvis du inntok vitneboksen, tror du at du ville kunne gi et riktig vitnemål? Hvis du ikke sa noe for å beskytte ditt barn, og dermed skade andre, da vil andre mennesker kanskje ikke vite sannheten, men Gud vil se alt. Et vitne må derfor si nøyaktig det han eller henne har sett og hørt for å sikre seg at det blir en rettferdig rettssak, og at ingen vil lide urettferdig.

Det samme gjelder vårt daglige liv. Mange mennesker kan ikke riktig meddele hva de har sett og hørt, og i deres egne bedømmelser vil de gi uriktig informasjon. Noen andre vil gi falsk vitnesbyrd ved å lage fortellinger som om har sett noe som de ikke egentlig har sett. På grunn av slike falske vitnemål, vil uskyldige mennesker bli urettmessig anklaget for forbrytelser som de ikke har gjort og derfor lide urettferdig. Vi finner i Jakobs 4:17, "For ham som vet hva godt han burde gjøre, men ikke gjør det, han synder." Guds barn som kjenner til sannheten må erkjenne sannheten og gi et riktig vitnesbyrd slik at ingen andre vil kunne finne seg selv i vanskeligheter eller komme til skade.

Hvis vi har fått godheten og sannheten i våres hjerter, da vil vi alltid snakke sannferdig angående alt. Vi vil ikke prate ondt om eller klandre noen for noe, forvri sannheten, eller gi ubetydelige svar. Hvis noen har skadet andre ved å unngå å svare når noen spør eller gi falske vitnemål, da må han gi et skyldoffer til Gud.

2) Etter at Han Har Kommet i Kontakt med Urene Ting

Vi leser i 3. Mosebok 5:2-3,

Eller når noen uten å vite det rører ved noe urent, enten det er den døde kroppen av et urent villdyr eller av et urent husdyr eller av et urent kryp, så blir han selv uren og fører skyld over seg. Eller når noen uten å vite det rører ved noe urent hos mennesker, og det er en urenhet som kan overføres, og han siden blir klar over dette, da har han ført skyld over seg.

Her vil "alle urene ting" åndelig referere til alle de usanne oppførselene som går imot sannheten. Slik oppførsel omfatter alt det som kan bli sett, hørt, eller sagt, så godt som ting som kan bli følt av kroppen og hjertet. Det finnes ting, som vi ikke så på som syndige, før vi kjente til sannheten. Men etter at vi har funnet sannheten, begynner vi å kikke på de samme tingene som upassende i Guds øyne. Når vi for eksempel ikke kjente til Gud, vil vi kanksje ha sett vold og slike upassende ting som pornografi, men var ikke klar over at slike ting var urene. Men etter at vi begynner livene våres i Kristus, vil vi lære at slike ting går imot sannheten. Så fort vi innser at vi har gjort ting som blir sett på som urene når en måler det imot sannheten, må vi angre på det overfor Gud og gi Ham skyldeofringer.

Men selv i våre kristelige liv, finnes det tider hvor vi uforsettlig ser og hører onde ting. Det ville bli godt hvis vi kan beskytte våre hjerter selv etter at vi har sett eller hørt om slike ting. Men siden det er en mulighet at en troende ikke kan beskytte hans hjerte, men akseptere følelsene som er forbundet med slike urene ting, må han angre med det samme når han erkjenner hans synd og ofrer en skyldofring til Gud.

3) Etter at Vi Har Avlagt Ed

3. Mosebok 5:4 sier, "Eller når noen uten å sanse det sverger tankeløst at han vil gjøre et eller annet, ondt eller godt, hva det så kan være et menneske tankeløst sverger på, og han siden blir klar over det, da har han ført skyld over seg på den ene eller den andre måten." Gud har nektet oss å sverge "å være ond eller være god."

Hvorfor nekter Gud oss å sverge eller legge ed? Det er naturlig for Gud å nekte oss å sverge "å være ond," men Han vil også nekte oss å sverge på "å gjøre gode ting" fordi mennesker kan umulig holde 100% av det de sverger på (Matteus 5:33-37; Jakobs brev 5:12). Til han har blitt perfekt gjennom sannheten, vil et menneskes hjerte sverge på hans egne gagn og følelser, og vil ikke holde på det som han har lovet. Dessuten vil det være tider når fiende djevelen og Satan forstyrret livene til de troende og forhindre dem i å fullfille deres ed slik at de kan skape grunnlegg for å anklage de troende. Ta i betraktning dette drastiske eksempelet: Anta at noen lovte, "Jeg vil gjøre dette og dette i morgen," men så plutselig døde i dag. Hvordan kunne han så fullføre hans ed?

Av denne grunnen må en aldri sverge på at en skal gjøre noe og selv om han lover at han skal gjøre noe godt, må han istedenfor be til Gud og søke etter styrke istedenfor å sverge. Hvis den samme personen for eksempel sverget på at han ville be uavbrutt, istedenfor å sverge, "Jeg vil komme til det nattlige bønnemøte hver eneste dag," burde han heller be, "Gud, venligst help meg be uavbrutt og beskytt meg fra forstyrrelse fra fiende djevelen og Satan." Hvis noen ahr sverget forhastet, må han angre og ofre en skyldofring til Gud.

Hvis det fines synd i noen av de tre tilfellene ovenfor, da burde personen "skal også gi hans skyldofring til HERREN for hans synder, et hunkjønn ifra flokken, et lam eller en geit som et syndeoffer. Slik at presten skal gjøre soninger på hans vegne for hans synder" (3. Mosebok 5:6)

Her er gaven av et syndeoffer satt sammen med forklaringen av skyldeofringen. Dette er fordi syndene som en må ofre skyldofringene for, må en også gi syndeofringer. En syndeofring som det ble pratet om tidligere, er å angre til Gud ved å synde og omvende seg fullstendig ifra denne synden. Men det har også blitt forklart at når en synd ikke bare får en til å omvende sitt hjerte vekk ifra de syndige veiene, men også for at han skal ta ansvar for hans gjerninger, da vil skyldeofringen gjøre hans angring perfekt når han betaler for tap eller skade eller tar ansvar gjennom visse gjerninger.

I slike omstendigheter, må en person ikke bare gjøre godtgjørelse, men han må også ofre Gud en skyldofring forbundet med en syndeofring fordi han også må angre overfor Gud. Selv om personen har gjort noe galt imot en annen person, siden han har begått en synd som han ikke burde ha gjort som Guds barn, må han også angre overfor hans himmelske Far.

Forestill deg at en mann har bedratt hans søster og tatt en eiendom som ikke tilhører henne. Hvis broren gjerne vil angre, må han først gi sitt hjerte gjennom angring overfor Gud og kaste vekk grådighet og bedrageri. Han må så motta tilgivelse fra hans søster som han har vært urettferdighet imot. Han må ikke bare unnskylde seg muntlig, men må gjøre godtgjørelse mot hans søster for så mye som hun ble utsatt for som mulig på grunn av hans gjerninger. Menneskets "syndeofring" har med å omvende seg fra sine synder og angre overfor Gud, og hans "skyldofring" er det å angre ved å søke om tilgivelse fra hans søster og erstatte henne og godtgjøre henne for hennes tap.

I 3. Mosebok 5:6, befaler Gud om at en syndeofring som er forbundet med en skyldofring, et hun lam eller en hun geit skal bli ofret. I det følgende verset, leser vi at alle som ikke har råd til et lam eller en geit må ofre to turtelduer eller to unge duer som et skyldsoffer. Anta at de har gitt to fugler som ofring. En blir gitt som et syndeoffer og det andre blir et brennende offer.

Hvorfor har Gud bedt om at de skal gi et brennende offer samtidig som de gir et syndeoffer med to turtelduer eller to unge duer? Et brennende offer vil innebære og holde Sabbaten hellig. I en åndelig tilbedelse er det ofring gjennom tjenesten på søndagene til Gud. Den formelle ofringen av to turtelduer eller

Ofring på grunn av Skyldfølelse · 119

to unge duer som syndeofring sammen med et brennende offer forteller oss at menneskets angring blir perfekt når han holder Herrens Dag hellig. En perfekt angring vil ikke bare kreve ens angring det øyeblikket som han innser at han har syndet, men hans syndige tilståelser og angring på Guds sanktuarium på Herrens Dag.

Hvis en person er så fattig at han ikke engang kan ofre turtelduer eller unge duer, da må han ofre en tiendedel av en ephah (en måling av omkring 22 liter) med fint mel. Det er meningen at syndeofringen skal lages av et dyr som tilgivelsesoffer. Men Hans barmhjertige Gud tillot de fattige, som ikke kan ofre et dyr til Ham, å ofre mel i stedet for slik at de kan motta tilgivelse fra deres synder.

Det finnes en forskjell mellom en syndeofring som blir gitt med mel og en kornofring med mel. Mens olje og røkelse ble lagt til kornofringen for å gjøre det duftende og fremstå som mektigere, ble det ikke blandet i noe røkelse til syndeofringen. Hvordan har dette seg? Å sette fyr på et sonende offer vil bety det samme som å sette fyr på ens synder.

Faktur at det ikke blir tilføyet noen røkelse eller olje til melet når en ser på det åndelig, vil fortelle oss om menneskets holdning når de kommer til Gud for å angre. 1. Kongeboken 21:27 forteller oss at når Kong Ahab angret overfor Gud, da "rev han i stykker hans klær, og tok på seg en strieplagg om kroppen og fastet det." Når en gir sitt hjerte gjennom angring, da vil han helt naturlig oppføre seg godt, ha selvbeherskelse, og ydmyke seg selv. Han vil være forsiktig i det han uttaler seg for og hvordan han oppfører seg, og demonstrerer til Gud om at han arbeider iherdig med å leve et tilbakeholdenhet liv.

4) Etter at En Har Syndet Imot de Hellige Ting eller vært Årsaket til at en Kristelig Bror har Tapt noe

I 3. Mosebok 5:15-16 leser vi,

Hvis noen av vanvare tilvender seg et eller annet som er viet til Herren, og således gjør seg skyldig i svik, skal han komme til Herren med et skyldoffer, en lyteløs vær av feet, verdsatt i sølvsekel etter helligdommens vekt. Det er hans skyldoffer. Det han med urette har tilvendt seg av det hellige, skal han gi vederlag for og legge til en femtedel av verdien. Han skal gi det til presten, og presten skal gjøre soning for ham med skyldofferværen, så han får tilgivelse.

"HERRENs hellige ting" refererer til Guds sanktuarium eller alle artiklene innenfor Guds sanktuarium. Ikke bare en tjener eller et individ som har gitt offeret kan ta, bruke, eller selge med vilje noen ting som har blitt satt til side for Gud og dermed bli sett på som hellige. Ting som også er hellige er ikke bare begrenset til "hellige ting", men vil også gjelde hele sanktuariumet. Et sanktuarium er et sted som Gud har til side og et sted hvor Han har plassert Hans navn.

Ingen verdslige eller usanne ord må bli ytret i sanktuariumet. De troende som er foreldre må også lære barna deres godt slik at de ikke springer rundt og leker; lager forstyrrende lyder; skitner til eller roter til, eller skader noen av de hellige tingene i sanktuariumet.

Hvis Guds hellige ting blir ødelagt ved en tilfeldighet, må personen som har ødelagt tingen erstatte den med en ting som er bedre, mer perfekt, og uten skade. Og erstatningen må ikke ha det samme beløpet eller verdien som den ødelagte tingen, men "en femtedel av det" må bli lagt til som en skyldsofring. Gud har bedt om dette for å minne oss om at vi skal oppføre oss akseptabelt og med selvbeherskelse. Når vi kommer i kontakt med de hellige tingene, må vi alltid være forsiktige og beherske oss slik at vi ikke misbruker eller ødelegger tingen som tilhører Gud. Hvis vi ødelegger noe på grunn av at vi er altfor uforsiktige, da må vi angre med hele vårt hjerte og gi en større erstatning enn den ødelagte tingen.

3. Mosebok 6:2-5 forteller oss forskjellige veier som et individ kan motta tilgivelse fra synder ved å ha "lyvet for sin landsmann om noe som er overlatt eller betrodd til ham, eller om noe han har røvet eller fratatt sin landsmann," eller "eller han har funnet noe som en annen har mistet, og så nekter for det, eller hans sverger falskt." Det er slik en kan angre på de tingene en har gjort galt før en fikk troen på Gud, og for å angre og motta tilgivelse når en innser at en har ubevist tatt besettelse av noen andres eiendeler.

For å kunne lage soninger for slike synder må en ikke bare gi tilbake selve tingen til den opprinnelige eieren, men en må også gi en "ekstra femtedel" av tingens verdi. Her betyr "en femtedel" ikke nødvendigvis bare at denne porsjonen skal bli bestemt ifølge nummeret. Det betyr også at når en demonstrerer de angrende gjerningene må det komme fra hele hjertet. Da vil Gud tilgi ham hans synder. Det er for eksempel tider når ikke alle de gale tingene fra fortiden kan bli opptelt individuelt og bli riktig tilbakebetalt. I slike tilfeller, trenger en en bare å iherdig demonstrere de angrende gjerninger fra dette punktet av. Men pengene som han har tjent på arbeidet eller gjennom firmaet, kan han iherdig gi Guds kongerike eller gi økonomisk stønad til mennesker i nød. Når han bygger slike angrende gjerninger, vil Gud gjenkjenne hans hjerte og tilgi ham hans synder.

Venligst hold i tankene at angring er den viktigste ingrediensen i en skyldsofring eller en syndeofring. Gud vil helst ikke få en fet kalv men en skyldbetynget ånd (Salmenes bok 51:17). Vi må derfor angre på våre synder og ondskap ifra vårt hjerte og holde på den tilsvarende frukten. Jeg håper at du vil alltid spasere midt i Hans overflodige kjærlighet og velsignelser mens du ofrer tilbedelser og ofringer til Gud på en måte som er tilfredstillende til Ham, og lever et liv ved å ofre deg selv og som han aksepterer.

8. Kapittel

Gi Din Kropp som et Levende og Hellig Offer

"Derfor formaner Jeg dere ved Guds barmhjertighet, søsken: Bær kroppen fram som et levende og hellig offer til glede for Gud. Det skal være deres åndelige gudstjeneste."

Romerne 12:1

Gi Din Kropp som et Levende og Hellig Offer • 125

1. Solomons Tusen Brente Ofringer og Velsignelser

Salomon ble satt på tronen når han var 20 år gammel. Fra hans ungdom hadde han blitt utdannet gjennom troen av profeten Nathan, elsket Gud, og han holdt fast ved lovene til hans far, Kong David. Etter at han ble satt på tronen, ofret Salomon til Gud tusen brente ofringer.

Det var overhode ikke lett å ofre tusen brente ofringer. Det fantes mange begrensninger i henhold til stedet, tiden, innholdet av ofringene, og metodene som ble plasert på ofringene i de Gamle Testamentets tider. Men i ulikhet med vanlige mennesker, ville Kong Salomon ha krevd et større sted siden så mange mennesker fulgte ham og måtte derfor gi mange flere ofringer. I 2. Krønikeboken 1:2-3 star det, "Salomon stevnet til seg hele Israel: førerne for avdelinger på tusen av hundre, dommerne og alle stormene i hele Israel, overhodene for familiene. Så dro Salomon og hele forsamlingen med ham til offerhaugen i Gibeon. For der stod Guds møtetelt som Moses, Herrens tjener, hadde laget i ørkenen." Salomon dro til Gibeon fordi Guds møtetelt, som Moses hadde bygget, var der.

Med hele forsamlingen, gikk Salomon opp til "HERREN til bronsealteret som var møteteltet" og ofret Ham tusen ofringer. Det har blitt forklart tidligere at et brennende offer er en ofring til Gud med en duft som kommer ifra stekingen av dyreofferet, og siden det ofrer livet til Gud vil dette innebære en fullstendig ofring og hengivenhet.

Denne natten viste Gud seg for Salomon i en drøm og spurte ham, "Si hva du vil Jeg skal gi deg" (2. Krønikebok 1:7). Salomon svarte:

Du har vist stor godhet mot min far David og gjort meg til konge i hans sted. La nå, HERRE Gud, ditt løfte til min far David gå i oppfyllelse! Du har gjort meg til konge over et folk some r tallrikt som støvet på jorden. Gi meg nå visdom og forstand, så jeg kan være fører og leder for dette folket. Fr hvem kan ellers styre dette folket ditt som er så stort?" (2 Krønikebok 1:8-10).

Salomon spurte ikke etter rikdom, velstand, ære, livet til hans fiender, eller et langt liv. Han bare spurte etter visdom og kunnskap slik at han kunne styre hans folk godt. Gud var lykkelig med Salomons svar og ga kongen ikke bare visdom og kunnskap som han hadde spurt etter, men også rikdom, velstand, og ære, som han ikke hadde spurt etter.

Gud sa til Salomon, "Visdom og kunnskap har du fått. Og Jeg vil også gi deg rikdom og velstand og ære, slike ting som de tidligere kongene før deg ikke hadde hatt og som heller ikke de som kommer etter deg vil ha" (v. 12).

Når vi ofrer en åndelig gudstjeneste til Gud på en måte som er tilfredstillende overfor Ham, vil Han til gjengjeld velsigne oss slik at vi med all respekt kan blomstre og bli friske akkurat som våre sjeler vil vokse.

2. Fra Tiden omkring Tabernakel til Tempel tiden

Etter at han samlet hans kongerike og det ble stabilt, var det en ting som uroliget hjertet til Kong David, Salomons far: Gud tempel hadde ikke blitt bygget ennå. David var skuffet over at Guds Ark var innenfor teltgardinene mens han bodde i et palass som var laget av sedertre, og besluttet seg derfor til å bygge et tempel. Men Gud ville ikke tillate dette, fordi David hadde mistet mye blod i kamp og var derfor ikke i stand til å bygge et hellig tempel for Gud.

Men HERRENs ord kom til meg, og det lød så: "Du har latt det flyte med blod, og store kriger har du ført. Du skal ikke bygge et hus for meg; for Jeg har sett hvor mye blod du har utøst" (1. Krønikeboken 22:8).

Men Gud sa til meg, "Du skal ikke bygge et hus for mitt navn; for du er en kriger som har latt det flyte blod" (1. Krønikeboken 28:3).

Men selv om Kong David ikke kunne utfylle hans drøm om å bygge Tempelet, adlød han alltid Guds Ord i taknemlighet. Han forberedte gullet, sølvet, bronsjen, de vakre stienene, og sedertrærne, som alle var materialer som var nødvendige for den neste kongen, hans sønn Salomon, til å bygge Tempelet.

Hans fjerde år på tronen lovte Salomon at han skulle vedstå Guds vilje og bygge Tempelet. Han begynte byggeprosjektet på fjellet Moriah i Jerusalem og fullførte det sju år senere. Firehundre og åtti år etter at menneskene i Israel hadde forlatt Egypt, ble Guds Tempel ferdig. Salomon hadde Paktens ark og alle de andre hellige tingene plassert i Tempelet.

Når presten brakte Paktens ark inn til det Helligste av de Hellige, fylte Guds ære huset "prestene kunne ikke stå og gjøre tjeneste på grunn av skyen; for HERRENs herlighet fylte Tempelet" (1. Kongeboken 8:11). På denne måten endte tiden til tabernakel og dette ble begynnelsen av tiden til Tempelet.

I hans bønneofring hvor han ofret Tempelet til Gud, trygler Salomon Han om å tilgi Hans folk når de vender seg til Tempelet gjennom ivrige bønner selv etter at de har møtt lidelser på grunn av deres synder.

Ja, hør de inderlige bønner som din tjener og ditt folk Israel ber, vendt mot dette sted! Og når du hører dem der du bor i himmelen, så bønnhør og tilgi (1. Kongebok 8:30)!

Akkurat som Kong Salomon godt var klar over hvordan oppbyggelsen av Tempelet hadde både tilfredstilt Gud og hadde vært en velsignelse, bønfalte han Gud modig for hans folk. Når Han hørte kongens bønn, svarte Gud.

Jeg har hørt den inderlige bønnen som du bar fram for meg. Jeg har vigslet dette huset som du har bygd, og la mitt navn bo der til evig tid. Mine øyne og mitt hjerte skal alltid være vendt mot det (1 Kongebok 9:3).

Når en i dag derfor tilber Gud med hele hans hjerte, sinn, og ytterste ærlighet i det hellige sanktuarium som Gud oppholder seg i, da vil Gud møte ham og svare på hans hjertes ønsker.

3. Kjødelig Tilbedelse & Åndelig Tilbedelse

Fra Bibelen vet vi at det finnes tilbedelses typer som Gud ikke aksepterer. Avhengig av hva slags hjerte som vi ber med, finnes det åndelige gudstjenester som Gud aksepterer, og et kjødelig tilbedelse som Han avviser.

Adam og Eva ble drevet ut av Edens Have på grunn av deres ulydighet. I 1. Mosebok 4 kan vi lese om deres to sønner. Deres eldste sønn var Kain og den yngste var Abel. Når de ble eldre, ga både Kain og Abel en ofring til Gud. Kain var bonde og ga "innhøstningen fra bakken" (Vers 3) mens Abel ofret "han ga av de førstefødte lammene i saueflokken sin og av fettet på dem" (Vers 4). Men Gud på den annen side "s¨med velvilje på Abel og hans offergave, men Kain og hans gave enste Han ikke" (Versene 4-5).

Hvofor aksepterte Gud ikke Kains ofring? I Hebreerne 9Ø22 kan vi se at en ofring som blir gitt til Gud må være en ofring med blod som kan tilgi syndene ifølge loven til det åndelige riket. Dyr som okser eller lam ble på grunn av dette gitt som ofringer i det Gamle Testamentets tider, mens Jesus, Guds Lam, ble et sonende offer på grunn av at Han mistet alt Hans blod i de Nye

Testamentets tider. Hebreerne 11:4 forteller oss, "I tro bar Abel fram for Gud et bedre offer enn Kain. Fordi Abel trodde, fikk han vitnesbyrd om at han var rettferdig, det vitnet Gud om da han ofret. Og med sin tro taler han ennå etter sin død." Gud aksepterte med andre ord Abels offer fordi han hadde gitt et offer med blod ifølge Hans vilje, men avviste Kains offer som ikke ble gitt ifølge Hans vilje.

I 3. Mosebok 10:1-2, kan vi lese om Nadab og Abihu som la "røkelse på glørne og bar uinnviet ild fram for Herren, i strid med det Han hadde befalt dem," og ble så overveldet av ilden som "for ut fra HERREN," og døde defor for Herrens åsyn. Vi kan også lese i 1. Samuels bok 13 om hvordan Gud forlot Kong Saulus etter at kongen hadde syndet ved å gjøre forpliktelsene til profeten Samuel. Før den avsluttende kampen med filisterne, ga Kong Saulus et offer til Gud når profeten Samuel ikke kom inne de avtalte antall dagene. Når Samuel ankom, etter at Saulus hadde gitt hans ofring, unnskyldte Saulus seg ved å fortelle profeten at han motvillig gjorde dette fordi menneskene forsvant vekk ifra ham. På grunn av dette bebreidet Samuel Saulus, "Du har vært dum," og han fortalte kongen at Gud hadde forlatt ham.

I Malaki 1:6-10, irettesetter Gud isralittene for at de ikke ga Gud det beste de kunne ofre, men ofret ting som de ikke selv kunne bruke. Gud sier at Han ikke vil akseptere bønner som kommer etter en religiøs formalitet, og som mangler menneskets hjerte. I dag vil dette bety at Gud ikke vil akseptere en kjødelig gudstjeneste.

Johannes evangelie 4:23-24 sier at Gud med glede vil akseptere en åndelig gudstjenese som menneskene ofrer Ham gjennom ånden og sannheten, og vil velsigne menneskene til å fullføre rettferdighet, barmhjertighet, og trofasthet. I Matteus 15:7-9 og i 23:13-18 blir vi fortalt at Jesus irettesatte sterkt fariseerne og skribentene fra Hans tid som strengt adlød menneskenes tradisjon og som hadde hjerter som ikke sannferdig tilba Gud. Gud vil ikke akseptere bønner som mennesker bare gir vilkårlig. Bønner må bli ofret ifølge de prinsippene som Gud har opprettet. Det er slik kristendommen klart og tydelig skiller seg fra andre religioner hvor de troende lager tilbedelser for å tilfredsstille deres egne behov og tilber på en måte som er tilfredsstillende for dem. På den ene side er en kjødelig tilbedelse en meningslø gudstjeneste hvor et individ veldig sjeldent kommer til sanktuariumet for å være med på gudstjenesten. På den annen side er en åndelig gudstjeneste en forgudelse som kommer fra hele vårt hjerte og en deltakelse i den åndelige gudstjenesten og sannheten av Guds barn som elsker deres himmelske Far. På grunn av dette kan det skje at Gud bare aksepterer en persons bønn mens Han avviser bønnen fra en annen, selv om to mennesker ofret bønn samtidig og på samme sted, avhengig av individets hjerte. Selv om mennesker går til sanktuariumet og tilber Gud, vil det ikke ha noen hensikt hvis Gud sier, "Jeg aksepterte ikke din bønn."

4. Gi Din Kropp som et Levende og Hellig Offer

Hvis grunnen til vår tilstedeværelse er å opphøye Gud, da må tilbedelse være vårt livs midtpunkt og vi må leve hvert minutt ved å tilbe Ham. De levende og hellige ofringene som Gud aksepterer, den åndelige og sannferdige tilbedelsen, kan ikke bare bli fullført ved å gå til søndagsgudstjenesen en gang i uken mens vi til andre tider lever ifølge våre personlige behov og ønsker fra mandag til lørdag. Vi har blitt bedt om å tilbe Gud til alle tider og hvor enn vi er.

Å gå i kirken for å be er en utvidelse av vårt tilbedende liv. Siden tilbedelse som ikke tilhører ens liv ikke er en sann tilbedelse, må en troendes liv bli livet til en åndelig gudstjeneste som blir ofret til Gud. Vi må ikke bare ofre en vakker gudstjeneste i et sanktuarium ihenhold til de riktige prosedyrene og meningene, men vi må også lede et hellig og rent liv ved å adlyde alle Guds regler i vårt daglige liv.

Romerne 12:1 sier, "Derfor formaner Jeg dere ved Guds barmhjertighet, søsken: Bær kroppen fram som et levende og hellig offer til glede for Gud. Det skal være deres åndelige gudstjeneste." Akkurats om Jesus reddet menneskene ved å ofre Hans egen kropp, vil Gud at også vi skal gi våre kropper som et levende og hellig ofring.

I tillegg til den synlige Tempel bygningen, siden den Hellige Ånden, som er den samme som Gud og som oppholder seg i våres hjerter, har hver og en av oss også blitt Guds tempel (1.

Korinterne 6:19-20). Vi må fornye oss hver eneste dag gjennom sannheten og beskytte oss selv slik at vi kan holde oss hellige.

Når vi har en overflod av Guds Ord, bønner, og lovprisninger i våres hjerter og når vi gjør alt i livene våres med et hjerte fult av lovprisninger for Gud, da vil vi ha gitt våre kropper som et levende og hellig offer som Gud kan glede seg over.

Før jeg møtte Gud hadde jeg blitt syk. Jeg tilbrakte mange dager gjennom håpløshet. Etter at jeg hadde vært syk og sengeliggende i sju år, hadde jeg fått en stor gjeld fra sykehuset og på grunn av utgiftene fra medsinene. Jeg var fattig. Men fremdeles ble alt annerledes når jeg møtte Gud. Han helbredet meg med det samme fra alle sykdommene, og jeg begynte mitt nye liv.

Overveldet av Hans nåde begynte jeg å elske Gud over alt annet. På Herrens Dag våknet jeg på morgenen og badet, og tok på meg rent undertøy. Selv om jeg bare hadde brukt et par sokker i kort tid på lørdag, hadde jeg aldri på meg det samme parret til kirken dagen etter. Jeg tok også på meg de reneste og de mest ordentlige klærne.

Dette betyr ikke at de troende må være fasjonable i deres utseende når de går i kirken. Hvis en troende tror på og elsker Gud, er det naturlig for ham å lage de beste forberedelsene når han går fram for Gud for å kunne opphøye Ham. Selv om ens omstendigheter ikke tillater visse klesplagg, kan alle ha klær og holde deres utseende så best de kan.

Jeg ga også alltid ofringer med nye pengesedler; så når jeg

fikk nye rene pengesedler, satte jeg dem til side og sparte dem til ofringer. Selv i krisesituasjoner rørte jeg ikke pengene som jeg hadde satt til side for ofringer. Vi vet at selv i de Gamle Testatmentets tider, forberedte alle de troende en ofring når de gikk til presten, selv om de var på forskjellige nivåer på grunn av hver persons omstendigheter. På grunn av dette underrettet Gud oss rett frem i 2. Mosebok 34:20 om, "Ingen skal komme til Meg tomhendte."

Og akkurat som jeg lærte ifra en vekkelsespredikant, sørget jeg alltid for å ha en stor og en liten ofring forberedt for hver gudstjeneste. Selv om jeg nesten ikke hadde nok til å betale tilbake gjelden med lønnen fra min kone og jeg, ga vi aldri noe motvillig eller angret på at vi ga offeret. Hvordan kunne vi angre på det når våre ofringer ble brukt til å redde sjeler og til Guds kongerike og for fullførelsene av Hans rettferdighet?

Etter at Han så våres hengivenhet, velsignet Gud oss når den riktige tiden var inne slik at vi kunne betale vår store gjeld. Jeg begynte å be til Gud om å kunne bli en god kirketjener som kunne gi de fattige økonomiske stønad og hjelpe foreldreløse barn, enker, og de syke. Og Gud benevnte meg også til prest og hjalp meg å lede en stor kirke som redder mangfoldige sjeler. Selv om jeg ennå ikke har blitt en av de eldre, kan jeg støtte mangfoldige mennesker, og jeg har også fått Guds makt som jeg kan bruke til å helbrede de syke, som er mye mer enn jeg noensinne hadde håpet for.

5. "Helt til Kristus har Blitt Dannet 'Inne i Deg"

Akkurat som foreldre strever hardt med å oppdra deres barn etter deres fødsel, er det nødvendig med mye hardt arbeide, utholdenhet, og ofringer når en oppdrar og leder hver sjel imot sannheten. Om dette tilstår Paulus i Galaterne 4:19, "Mine barn, som Jeg igjen må føde med smerte til Kristus får skikkelse i dere." Siden jeg kjenner til Guds hjerte som anser en sjel mer verdifull enn alt i universet og gjerne vil se at alle mennesker vil motta frelse, gjør også jeg alt for å lede alle sjelene mot veien til frelse og til det Nye Jerusalem. Jeg har bedt og forberedt budskap hele tiden og anstrengt meg med å bringe troens nivå til kirkemedlemmene "slik at de kan bli til det modne mennesket som er fullvoksent og har hele Kristis fylde," (Efeserne 4:13). Selv om det finnes tider hvor jeg heller ville sitte sammen med kirkemedlemmene i frydefulle diskusjoner, har jeg oppøvd selvbeherskelse i alt og utført de forpliktelsene som Gud har gitt meg, siden jeg er en hyrde med ansvar for å lede hele flokken på riktig vei.

Jeg har to ønsker for hver eneste troende. Først vil jeg at mange av de troende ikke bare skal motta frelse, men at de også skal oppholde seg i det Nye Jerusalem som er det mest praktfulle stedet i Himmelen. For det andre vil jeg veldig gjerne at alle de troende skal rømme ifra fattigdommen og leve liv i rikdommen. I det kirken gjennomgår oppvekkelse og blir større, er det også flere mennesker som får økonomisk støtte og også flere som blir helbredet. I verdslig betydning, er det ikke lett å finne ut av hva menneskene vil og handle ifølge hvert kirkemedlems behov. Jeg føler den største byrden når de troende synder. Dette er fordi når en troende synder, kan han se at han har kommet seg lenger vekk ifra det Nye Jerusalem. I ekstreme tilfeller kan han til og med ute av stand til å til og med motta frelse. Den troende kan bare motta svar og åndelig eller fysisk helbredelse etter at han har ødelagt veggen med synden mellom ham og Gud. Mens jeg klinger meg til Gud på vegne av de troende som har syndet, har jeg ikke kunnet sove, kjempet mot krampeanfall, grått og mistet forferdelig mye energi, og oppbygget mangfoldige timer og dager med fasting og bønner.

Siden Gud aksepterte disse ofringene talløse ganger, har Han vist Hans barmhjertighet imot menneskene, selv imot de som tidligere ikke var verdige frels, og gi dem ånden med angring slik at de kunne angre og motta frelse. Gud har også slått døren vidt åpen slik at mangfoldige mennesker rundt omkring i verden kan høre det hellige evangeliet og ta til seg manifesteringen av Hans makt.

Når jeg ser mange mange troende som vokser opp stort i sannheten, er dette en veldig stor belønning for en prest som meg. På samme måte ofret den uklanderlige Herren seg selv som en duftende aroma til Gud (Efeserne 5:2), og også jeg marsjerer fremover for å ofre hvert eneste del av mitt liv som et hellig offer til Gud for Hans kongerike og sjeler.

Når barn ærer dere foreldre på Morsdagen eller Farsdagen

("Foreldrenes Dag" i Korea) og viser deres takknemlighet, da ville deres foreldre bli veldig lykkelige. Selv om foreldrene ikke liker disse tingene de får ikke, er de allikevel glade fordi de kom fra barna deres. På mye av den samme måten blir Han også glad og vil velsigne dem, når Hans barn ofrer Ham tilbedelser som de har forberedt med deres største anstrengelse på grunn av deres kjærlighet for deres himmelske Far.

Det burde ikke være noen troende som lever egenrådig på hverdagen og bare viser deres hengivenhet på søndagene! Akkurat som Jesus forteller oss i Lukas 10:27, vil hver av de troende elske Gud med hele deres hjerte, sjel, styrke, og sinn, og ofre seg selv som et levende og hellig offer hver eneste dag. Ved å tilbe Gud gjennom ånden og sannheten og ofre Ham en duftende aroma fra ditt hjerte, håper jeg at hver leser vil nyte en overflod av velsignelser som Gud har forberedt for ham.

Forfatteren
Dr. Jaerock Lee

Dr. Jaerock Lee var født i Muan, Jeonnam Province, den Koreanske Republikken, i 1943. Da han var i tjueårene, led Dr. Lee av forskjellige uhelbredelige sykdommer i sju år og ventet på døden uten noen som helst håp om helbredelse. Men en dag på våren i 1974 ble han ført til en kirke av hans søster, og når han knelte ned for å be, helbredet den levende Gud ham av alle hans sykdommer med det samme.

Fra dette øyeblikket hvor han møtte den levende Gud gjennom denne vidunderlige erfaringen, har Dr. Lee elsket Gud med hele hans hjerte, og i 1978 ble han tilkalt for å tjene Gud. Han ba iherdig gjennom mangfoldige bønner slik at han klart og tydelig kunne forstå Guds vilje, fullstendig fullføre den og adlyde Guds Ord. I 1982 startet han Manmin Sentral Kirken i Seoul, Korea, og Guds mangfoldige under, inkludert mirakuløse helbredelser, tegn og under, har helt siden da av funnet sted i denne kirken.

I 1986, ble Dr. Lee presteviet ved Jesus Årlige Forsamling i Sungkyul Kirken i Korea, og fire år senere i 1990, begynte de å kringkaste hans gudstjeneste i Australia, Russland, og i Filippinene. Innen kort tid nådde de mange flere land gjennom Fjerne Østens Kringkastingsfirma, Asias Kringkastingsstasjon, og Washingtons Kristelige Radio System.

Tre år senere, i 1993, ble Manmin Kirken valgt som en av "Verdens Topp 50 Kirker" av Christian World magasinet (US) og han mottok en Æres Doktorgrad om Guddommelighet fra Christian Faith College, Florida, USA, og i 1996 mottok han hans doktorgrad i prestetjeneste fra Kingsway Theological Seminary, Iowa, USA.

Siden 1993, har Dr. Lee stått i spissen for verdens forkynnelse gjennom mange utenlandske kampanjer i Tanzania, Argentina, L.A., Baltimore, Hawaii, og byen New York i Amerika, Uganda, Japan, Pakistan, Kenya, Filippinene, Honduras, India, Russland, Tyskland, Peru, den Demokratiske Republikk i Kongo, Israel og Estonia.

I 2002 ble han anerkjent som en av "verdens oppvekkelsespredikanter" for hans mektige menighet I forskjellige utenlandske kampanjer av store Kristelige aviser i Korea. Spesielt ble hans 'New York kampanje 2006' holdt i Madison Square Garden, den mest berømte plassen i verden. Begivenheten ble kringkastet til 220 nasjoner, og i hans 'Israelske Samlede Kampanje 2009', som ble holdt i det Internasjonale Konferanse Senteret i Jerusalem, forkynte han modig at Jesus Kristus er Messias og Frelseren.

Hans gudstjeneste blir kringkastet til 176 land via satellitter inkludert GCN TV, og han ble skrevet opp som en av de 'Topp 10 Mest Innflytelsesrike Kristne Ledere i 2009 og 2010 av den populære Russiske Kristne magasinet In Victory og nyhetsfirmaet Christian Telegraph for hans mektige TV kringkastings gudstjeneste og utenlandske kirkelige prestegudstjeneste

Fra og med oktober 2013, har Manmin Kirken en menighet på mer enn 120,000 medlemmer. Det finnes 10,000 søster kirker verden rundt medregnet 56 innenlandske søster kirker, og hittil har mer enn 123 misjonærer blitt sendt til 23 land, iberegnet Amerika, Russland, Tyskland, Canada, Frankrike, India, Kenya, og mange flere land.

Fra og med dagen da denne boken ble utgitt, har Dr. Lee skrevet 88 bøker, iberegnet bestselgere som Å Smake På Det Evige Livet Før Døden, Mitt Liv Min Tro I & II, Korsets Budskap, Troens Målestokk, Himmelen I & II, Helvete, Våkn Opp, Israel!, og Guds Makt. Hans arbeide har blitt oversatt til mer enn 75 språk.

Hans Kristelige spalte kan sees på The Hankook Ilbo, The JoongAng Daily, The Chosun Ilbo, The Dong-A Ilbo, The Munhwa Ilbo, The Seoul Shinmun, The Kyunghyang Shinmun, The Korea Economic Daily, The Korea Herald, The Shisa News, og The Christian Press.

Dr. Lee er for tiden lederen av mange misjons organisasjoner og foreninger. Stillinger inkluderer: Formann, The United Holiness Church of Jesus Christ; President, Manmin World Mission; Bestående President, The World Christianity Revival Mission Association; Grunnlegger & Styre Formann, Global Christian Network (GCN); Grunnlegger & Styre Formann, World Christian Doctors Network (WCDN); og Grunnlegger & Styre Formann, Manmin International Seminary (MIS).

Andre prektige bøker fra den samme forfatteren

Himmelen I & II

Et detaljert utdrag av de forferdelig flotte omgivelsene som de himmelske innbyggerne nyter og vakker beskrivelse om forskjellige nivåer av de himmelske kongerikene.

Korsets Budskap

Et mektig og oppvekkende budskap for alle menneskene som sover åndelig! I denne boken vil du finne grunnen til at Jesus er den eneste Frelseren og Guds virkelige kjærlighet.

Helvete

Et oppriktig budskap til alle mennesker ifra Gud, som ikke ønsker at en eneste sjel skal falle inn i dypet av helvete! Du vil oppleve en beretning som aldri før har blitt avslørt om den grusomme virkeligheten til det Lavere Dødsrike og helvete.

Å Smake På det Evige Livet Før Døden

En attesterende biografi av Dr. Jaerock Lee, som ble nyfrelst og reddet fra dødens skygge, og som har levet et perfekt og eksemplarisk kristelig liv.

Mitt Liv, Min Tro I & II

Den vakreste åndelige duften fra livet som blomstret sammen med en uforlignelig kjærlighet for Gud, midt i de mørke bølgene, kalde åkene og de dypeste fortvilelsene

www.urimbooks.com

www.ingramcontent.com/pod-product-compliance
Lightning Source LLC
LaVergne TN
LVHW010220070526
838199LV00062B/4678